V&R

Ralf Mehlmann/Oliver Röse

Das LOT-Prinzip

Lösungsorientierte Kommunikation im Coaching, mit Teams und in Organisationen

Vandenhoeck & Ruprecht
in Göttingen

Die Deutsche Bibliothek – CIP-Einheitsaufnahme

Mehlmann, Ralf:
Das LOT-Prinzip : lösungsorientierte Kommunikation im Coaching, mit Teams und in Organisationen / Ralf Mehlmann / Oliver Röse. – Göttingen : Vandenhoeck & Ruprecht, 2000
ISBN 3-525-45853-3

Satz: Fotosatz 29b, Göttingen
Schrift: Times
Druck und Bindung: Hubert & Co., Göttingen

Inhalt

Einleitung

»Es ist besser, eine Kerze anzuzünden, als sich fortwährend über die Dunkelheit zu beklagen.«

(Anonym)

Bei dem Bemühen, wirkungsvolle Problemlösungsstrategien zu entwickeln, ist seit Mitte der achtziger Jahre ein grundlegender Wandel zu beobachten, der die traditionelle Herangehensweise als umständlich, langwierig und ineffizient erscheinen läßt. Im Bereich der innovativen Gesprächsführung lassen die zum Teil überraschenden Erfolge der Kurzzeitberatung, wie sie von Insoo Kim Berg, Steve de Shazer und anderen in den USA entwickelt wurde, erhebliche Zweifel an der Gültigkeit liebgewonnener Grundannahmen aufkommen.

Das betrifft insbesondere die Auffassung, daß man zwangsläufig die Ursache eines Problems kennen müsse, um es erfolgreich lösen zu können. Diese Haltung ist einer eher mechanistisch orientierten Weltsicht entlehnt. Sie besagt, daß einfache Probleme lediglich Symptome oder Zeichen eines eigentlichen, ursächlichen Defizits seien, und so finden wir diese Einstellung ebenfalls in der traditionellen Auffassung der Problembearbeitung wieder.

Die logische Folge dieser Vorstellung ist die Annahme der Notwendigkeit einer eingehenden und gründlichen Problemanalyse oder Diagnose, die bisher auch stets als Voraussetzung für eine gelingende Problembewältigung galt.

So haben sich unterschiedliche Bereiche wie etwa die Wirtschaftswissenschaften, die Biologie oder die Psychologie im Laufe der Zeit in immer mehr verschiedene Schulen aufgefächert.

Dieser Umstand führte zu dem Phänomen, daß wir für ein und dasselbe Problem mit den unterschiedlichsten Erklärungsmodellen konfrontiert und belastet werden, noch bevor die Arbeit an erfolgversprechenden Lösungsmöglichkeiten überhaupt beginnt.

Die konsequente Folge war in der Vergangenheit, daß die erfolgreiche Veränderung von Verhalten und Erleben gewöhnlich noch sehr lange Zeit in Anspruch nahm.

Benötigt eine klassische Psychoanalyse, deren Grundlagen zu Beginn des 20. Jahrhunderts entwickelt wurden, noch Jahre für die angestrebte Veränderung, dauert eine traditionelle Verhaltenstherapie heutzutage lediglich 25 bis 50 Stunden. Die hochmoderne Kurzzeitberatung hat demgegenüber heute eine durchschnittliche Dauer von nur noch dreieinhalb Stunden!

Die Modifikation der Ansätze zur Verhaltensänderung beschränkt sich jedoch nicht nur auf eine Verkürzung der benötigten Zeit, so als würde nur weniger *desselben* getan, sondern es hat vor allem in der inhaltlichen Ausrichtung ein wesentlicher Wandel stattgefunden, den wir anhand des LOT-Prinzips näher beleuchten möchten.

In der lösungsorientierten Vorgehensweise werden vor allem *andere* Fragen gestellt, als die, die uns vielleicht aus Problemgesprächen geläufig sind. Die beschleunigte Lösungsentwicklung ist dabei eher ein Effekt der angewandten Vorgehensweise als ihr erklärtes Ziel. Somit können wir diese Verkürzung der Besprechungszeit auch in der Arbeit mit Gruppen erreichen.

Erste Ansätze in den 30er oder 40er Jahren wie »T-Gruppen« oder »Sensitivity-Trainings«, beschäftigten sich noch sehr lange mit der Gruppendynamik und der Entstehung von Problemen in der Gemeinschaft.

Für uns liegt es heute eher nahe, die Veränderungsstrategien modernster Kurzzeitberatung auf die Arbeit mit Gruppen zu übertragen, was wir seit 1997 regelmäßig mit unterschiedlichen Organisationen sehr erfolgreich durchführen. Dabei spielt es keine Rolle, ob es sich um Teams aus der Industrie, der Verwaltung oder aus Kleinunternehmen unterschiedlicher Branchen handelt. Die Ergebnisse sind in jeder Hinsicht überzeugend.

Welche Techniken wir in diesem Zusammenhang verwenden, um einer Teamgemeinschaft dabei zu helfen, für sie passende Lösungsmöglichkeiten zu entwickeln und umzusetzen, wollen wir mit diesem Buch vorstellen.

LOT
steht hier als
Kurzform für
LösungOrienTierung
LOT-Prinzip bedeutet, daß wir die
Orientierung hin zu Lösungen zur ersten
und wichtigsten Grundhaltung erheben.
Daß heißt, daß wir prinzipiell eine lösungs-
orientierte Kommunikation anstreben,
im Einzelcoaching ebenso wie in
der Entwicklung in Teams
und Organisationen.
(So kommt
schließlich alles
wieder ins
LOT)
!

Die LOT- Basis

Was hat die Lösung mit dem Problem zu tun?

Nicht weil die Lösungen schwierig wären, wagen wir sie nicht, sondern solange wir sie nicht wagen, bleiben sie scheinbar schwierig.

Vielleicht ist diese Aussage eine der möglichen Erklärungen dafür, daß wir es allzuoft vorziehen, uns eingehend mit Problemen zu beschäftigen. Ein weiterer Grund mag die auf den ersten Blick plausibel erscheinende Annahme sein, daß man die Ursache einer Schwierigkeit kennen muß, um sie erfolgreich aus dem Weg räumen zu können. Diese Vorstellung manifestiert sich auch in der Idee, daß eine symptomatische Behandlung von Problemen und Beschwerden nicht ausreichend ist, solange der eigentliche Anlaß nicht behoben wird.

Die unbestreitbaren Erfolge der lösungsorientierten Vorgehensweise lassen allerdings erhebliche Zweifel an der Gültigkeit dieser Annahme zu: Die Prinzipien dieses Ansatzes sind zwar relativ einfach zu verstehen, jedoch nicht unbedingt leicht umzusetzen, da sie zumeist unseren gewohnten Tendenzen, ein Problem zu bearbeiten, völlig zuwiderlaufen! So scheint es für die meisten von uns selbstverständlich, ja geradezu natürlich zu sein, eine Problemstellung erst sorgfältig zu untersuchen und nach ihren Gründen oder kausalen Zusammenhängen zu forschen, in dem redlichen Bemühen darum, sie richtig zu verstehen, um sie dann irgendwann einmal lösen zu können.

Wir leben in dem Glauben, daß wir einer Lösung näher kämen, wenn wir die Hindernisse, die sich vor uns auftürmen, möglichst intensiv besprechen. Je eingehender wir uns den Schwierigkeiten widmen, um so näher wähnen wir uns ihrer Bewältigung.

Hier taucht bereits die Vorstellung auf, daß es für ein bestimmtes Problem auch nur *die eine* korrekte Lösung gebe, so als wären wir mit einem Rätsel oder einer Mathematikaufgabe konfrontiert und müßten uns verbissen auf die Suche nach der einzig richtigen Antwort begeben.

In unserer westlichen Kultur dominiert also nach wie vor der Mythos von Ursache (als eigentliches Problem) und Wirkung (oberflächliches Symptom). Dieser Vorstellung liegt die Idee der rationalen Be- und Errechenbarkeit zugrunde. Wer auf dieser Basis eine bestehende Wirkung (problematische Symptome) verändern will, muß demnach die Ursache (grundlegendes Problem) beseitigen. Das klingt logisch und vertraut, erscheint sehr plausibel und ist vielen Menschen unseres Kulturkreises längst in Fleisch und Blut übergegangen.

Die Unterscheidung von Symptom(en) an der Oberfläche und dem zugrundeliegenden eigentlichem Problem gilt zudem als besonders clever und gründlich, ja geradezu als Ausweis für Seriosität.

Teamentwickler der verschiedensten Schulen sind sich, ungeachtet ihres speziellen Ansatzes, letztlich darin einig, daß es darum gehen muß, die Probleme an der Wurzel zu packen, um effektiv und gründlich zu arbeiten. Offenbar scheint hier noch das alte Bild vom Ausmerzen eines Unkrauts vorzuherrschen. Ein solches Vorgehen steht in dem Ruf, besser zu sein, als ein bloßes »Herumpfuschen« an den Symptomen.

So sind traditionell arbeitende Gruppenleiter sehr eifrig im Erfinden der von ihnen angenommenen *eigentlichen Ursachen* (z. B. falsche Ausrichtung der Gruppe, mangelnde Motivation, Demotivation in der Vergangenheit, Rollenstruktur in der Gruppe) als maßgebliche Gründe für die vom Team beklagten Probleme.

Im folgenden interessieren sie sich dann auch nur für genau diese von ihnen selbst geschaffenen Konstruktionen – oft ohne sich dieses Prozesses überhaupt bewußt zu sein, sondern im festen Glauben daran, es mit unabhängig von ihnen selbst existenten Strukturen zu tun zu haben. Auf diese Weise erschafft die Vorstellung einer zugrunde liegenden defizitären Ursache auch eine defizitär gefärbte Wirklichkeit.

Als Ergebnis entstehen Begriffe wie »Management by Objectives«, »Lean Management«, »Business Reengeneering«, »Empowerment«, und es herrscht gelegentlich auch Verwunderung darüber, daß derartige Modelle manchmal funktionieren und manchmal nicht.

Lösungsorientierte Helfer arbeiten dagegen bewußt lieber an der Oberfläche. Sie sind entsprechend ihren Erfahrungen mit dem lösungsorientierten Ansatz nicht länger der Meinung, daß die Wahrheit (Lösung) immer auf dem dunklen Grunde eines Brunnens liegen muß.

Im Gegensatz zur landläufigen Auffassung, daß man die Ursache eines Problems kennen und verstehen müsse, um es erfolgreich in Angriff zu nehmen, befassen sie sich statt dessen möglichst direkt mit der Einleitung von Lösungsmöglichkeiten.

Die vermeintlichen Ursachen eines Problems werden dabei weitgehend ignoriert. Anders ausgedrückt: lösungsorientierte Teamleiter gehen in der Regel nicht von der Annahme einer Ursache aus, und darum gestaltet sich ihre Arbeit auch grundlegend anders. Um diesen für die meisten ungewohnten Gedanken näher zu erklären, soll hier der Begriff der *Assoziationswolke* eingeführt werden:

Stellen wir uns vor, jedes Wort sei von naheliegenden, ähnlichen Begriffen und Vorstellungen umhüllt, die wir assoziativ mit dem Wort in Verbindung bringen, so wäre dies seine Assoziationswolke.

Die Assoziationswolken um die beiden Begriffe »Problem« und »Lösung« könnten beispielsweise so aussehen:

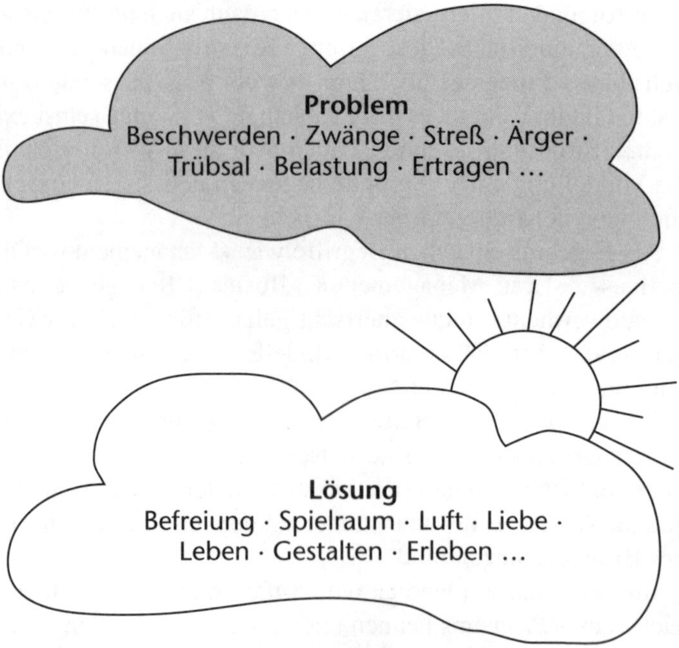

Bereits hier wird überaus deutlich, daß die Stimmung der assoziierten Begriffe eng verknüpft mit ihrer Überschrift ist. Der freundlichen Schönwetterwolke (Lösung) gegenüber droht die düstere Gewitterfront (Problem).

Für die Beschreibung eines Problems taugen die Begriffe aus der Assoziationswolke »Problem«, für die Einleitung einer Lösung jedoch sind sie nahezu gänzlich ungeeignet. Hier hat die Assoziationswolke »Lösung« mehr anzubieten, und zwar ungeachtet einer angenommenen Verknüpfung beider Bereiche.

Das bedcutet, daß für das Erzielen eines Resultats, also für die Eröffnung von Möglichkeitsräumen, die Assoziationswolke zu Lösungen entscheidende Impulse geben kann. Hinweise für mögliche Verbesserungen werden wir voraussichtlich also eher innerhalb dieses Bereichs (er-)finden!

Abgesehen von der vagen Sehnsucht nach einer Lösung, liefert die Assoziationswolke »Problem« lediglich mehr von dem, was eigentlich vermieden werden soll, denn hier wird vor allem das Problematische stabilisiert. Innerhalb dieser Domäne suchen wir also meist vergeblich nach potentiellen Bewältigungsstrategien.

Gleichwohl gehört neben der üblichen Vorstellung von Ähnlichem oder Verwandtem natürlich auch der Gedanke an das Gegenteil in den Bereich der Assoziation. Das heißt, zu dem Begriff »weiß« fällt uns neben Ähnlichem (»Schnee«, »Licht«, »Leinwand«…) auch der Begriff »schwarz« ein. Die assoziative Vorstellung beinhaltet also auch das Denken in Gegensatzpaaren, demnach werden wir innerhalb der Assoziationswolke »Problem« auch den Begriff Lösung finden und umgekehrt den Begriff Problem in der Assoziationswolke »Lösung«.

Nichtsdestotrotz ist das kein Grund anzunehmen, daß Problem und Lösung kausal miteinander verknüpft sein müssten oder eine Lösung zwangsläufig aus der Rekonstruktion des Problems hervorgehen müsse.

Im Gegenteil: Daß der Begriff Lösung (als positiv besetzter Terminus) auch in der Assoziationswolke »Problem« auftauchen kann, weist darauf hin, daß die meisten anderen Termini dieser Wolke negativ besetzt sind und somit nur wenige Anregungen für Lösungsoptionen bieten.

Daß der Begriff Problem (als negativ besetzter Terminus) auch in der Assoziationswolke »Lösung« auftauchen kann, weist darauf hin, daß die meisten anderen Termini dieser Wolke positiv besetzt sind und somit vielfältige Anregungen für Bewältigungsstrategien bieten.

Während die traditionelle problemorientierte Sichtweise in der Regel bekannte Wirklichkeitsräume abschließt und damit sogar befestigt oder verstärkt (z. B.: »Ihr nächtliches Zähneknirschen hängt mit ihrer schlechten Ehe zusammen …«), zielt die lösungsorientierte Methode im Gegensatz dazu auf die Öffnung von neuen Möglichkeitsräumen ab, die sonst unbeachtet blieben.

Wäre Frau X tatsächlich davon überzeugt, daß ihr nächtliches Zähneknirschen mit ihrer »schlechten Ehe« zusammenhinge, würde sie für eine Lösung auch nur diesen einen Bereich in Betracht ziehen. Alle anderen möglichen Lösungen, so einfach und plausibel sie auch sein mögen, würden bei dieser Betrachtungsweise wie ein blinder Fleck unberücksichtigt bleiben.

▷ Das Arbeitsfeld traditioneller Ansätze ist der Abwärtstrend.

Die Theorie und Praxis der *traditionellen Vorgehensweise* interessiert sich ganz besonders für den Bereich des *Versagens*, um daraus dann eventuell die richtigen Schlüsse ziehen zu können.

Hier geht es noch darum, dem Problem gerecht zu werden, und somit wird auch der unerwünschte Bereich unter die Lupe genommen. Typische Fragen in diesem Zusammenhang sind:
- Was hat das Team?
- Was fehlt ihm?
- Wie/wodurch/woher kam das?
- Zentrale Frage: (Was ist los?) Was ist das Problem?

Die Praxis der *lösungsorientierten Arbeit* nimmt dagegen den Komplex des *Gelingens* ins Visier und nutzt die Hinweise aus diesem Sektor für das Konstruieren von Lösungen.

Typische Fragen sind hier:
- Was würde das Team gerne erreichen?
- Was tut es bereits schon Gutes für sich oder seine Ziele?
- Wie könnte es noch ein bißchen besser werden?
- Zentrale Frage: Was kann getan werden? (Wie können wir uns verbessern?)

▷ Das Arbeitsfeld lösungsorientierter Arbeit ist der Aufwärtstrend.

Um *Mißverständnissen* vorzubeugen: Natürlich geht es in der lösungsorientierten Teamarbeit darum, daß ehemalige Probleme als Teil der Lösung auch tatsächlich verschwinden, sonst erfüllen wir als Lösungshelfer den Auftrag unseres Teams nicht. Doch hierbei Erfolg zu haben bedeutet eben nicht, daß es vonnöten ist, das Problem eingehend zu analysieren oder besonders genau zu untersuchen! Nicht Wissen und Analyse, sondern (Re-)Konstruktion von Lösungsoptionen stehen im Vordergrund.

Es nützt uns wenig, das Schloß detailliert zu betrachten, wenn uns der passende Schlüssel fehlt. Bei der Anfertigung eines Ersatzschlüssels dient schließlich auch der Originalschlüssel (der schon mal paßte) als Vorbild und nicht das Schloß selbst. Lösungen sind also an Lösungen angelehnt und nicht an Problemen. Außerdem mag in vielen Fällen bereits ein Dietrich genügen, um direkt zu Ergebnissen zu gelangen.

Überlegungen zum Sprachlichen

An unser Bild der Assoziationswolken anknüpfend, wollen wir auch bei der Verwendung von Sprache auf mögliche Konsequenzen achten. Befassen wir uns hauptsächlich mit problematischen Inhalten, so werden wir uns überwiegend einer problembezogenen Sprache bedienen. Zwangsläufig führt die Anwendung von »Problemsprache« dazu, daß wir bei Problemen umgekehrt verharren.

Lassen wir die problematischen Inhalte in der Konversation eher beiseite, um nach neuen Möglichkeitsräumen für Lösungen zu forschen, so hilft uns dabei eine Sprache der Optionen – eine »Lösungssprache«.

Vor diesem Hintergrund wollen wir das Wort »Problemlösung« etwas genauer unter die Lupe nehmen: Zunächst erscheint es aus zwei Wörtern zusammengesetzt, die eigentlich nicht zusammengehören; »Problem« und »Lösung«. Unterstellt man eine Absicht hinter der Reihenfolge, so ließe sich daraus auch schließen, daß die Lösung nach dem Problem kommt: Problem, – Komma, – Lösung. Das heißt, daß letztlich nur die Lösung übrig bliebe. Vertauschen wir die einzelnen Begriffe zu: »Lösungsproblem«, bliebe letztendlich nur ein »Problem« übrig. Wie auch immer, beide Domänen – Problem und Lösung – fassen wir als getrennte, oder besser, zu trennende Bereiche auf. Das Wort Problemlösung impliziert in diesem Zusammenhang den Vorgang der Trennung vom Problem durch seine Lösung.

▷ Eine Lösung hat also bereits stattgefunden, wenn wir uns daran erinnern, daß wir ein Problem hatten!

Wir wissen meist noch ziemlich genau, wie schwierig die problematische Zeit war. Oft ist uns auch ganz klar, daß die einstige Schwierigkeit heute nicht mehr existiert.

Nur sehr selten wissen wir aber noch, wie wir eigentlich zu einer Lösung gelangt sind. Werden Probleme überhaupt gelöst? Probleme *sind* Probleme. Ein Problem *kann nicht* gelöst werden. Es existiert als solches genau so lange, wie wir uns damit herumplagen.

Wir können kein Problem lösen. Wir können einen Knoten lösen. Wir können ein Problem haben. Wir können ein Problem beibehalten, aber wir können es nicht lösen. Wir sind vielleicht in der Lage, es zu überwinden. Doch auch in diesem Bild bleibt das Problem zunächst als Hindernis fortbestehen.

Wenn wir also kein Problem lösen können, was bleibt uns dann noch? Möglicherweise können *wir uns von dem Problem lösen*, es quasi hinter uns lassen, also unterlassen, was nicht funktioniert und mit dem fortfahren, was bereits schon einmal gut funktioniert hat, um so schließlich über die schwierige Zeit hinauszuwachsen.

Die Erfahrungen in der traditionellen Arbeit mit Gruppen zeigen, daß die eingehende Analyse und Besprechung von Problemen diese eher verstärken als lösen. Eine Gruppe kann sich über Wochen damit beschäftigen, die unerwünschte Situation zu analysieren, herauszufinden, wer Schuld sei (meist die anderen) und die bedrückenden Ergebnisse zu diskutieren.

Wir können also keine Probleme lösen, solange wir uns das Problem quasi als *Hindernis vorstellen* und uns einer blockierenden Problemsprache bedienen.

Statt dessen können wir jederzeit Lösungen finden und erfinden, und zwar unabhängig von der Art der bestehenden Schwierigkeit, wenn wir uns konsequent einer Lösungssprache bedienen. Eine eingehende Problemanalyse scheint dabei wenig nützlich, ja sogar eher hinderlich zu sein.

– Was also hat *die Lösung* überhaupt mit dem *Problem* zu tun? *Sie löst es ab.*

– Und was hat *das Problem* mit der *Lösung* zu tun? *Es hält sie auf.*

Wenn Probleme Monster wären, so füttern wir sie vermutlich eher durch unsere Problembesprechungen als sie im oben beschriebenen Sinne aufzulösen.

Es könnte also interessant sein, die problematischen Monster einfach verhungern zu lassen, indem wir uns möglichst *direkt* mit der Konstruktion kleiner Lösungskeime beschäftigen und uns lieber deren Entwicklung widmen.

Damit sei die rhetorische Figur des Kontrasts vorerst genug strapaziert und der traditionelle Ansatz polemisch und zutreffend als »Problem-Pflege« charakterisiert.

Unserer Erfahrung nach reicht es aus, das Problem ins Protokoll aufzunehmen, um es daraufhin links liegenzulassen und sich zielorientiert und direkt den Lösungsmöglichkeiten zuzuwenden. Diese Chance wird in der herkömmlichen Herangehensweise oft durch eine übersteigert betriebene Problemanalyse verpaßt.

Die Parabel »Vor dem Gesetz« von Franz Kafka illustriert unsere bisherigen Ausführungen besonders gut.

Die Geschichte vom Türhüter

Vor dem Gesetz steht ein Türhüter. Zu diesem Türhüter kommt ein Mann vom Lande und bittet um Eintritt in das Gesetz. Aber der Türhüter sagt, daß er ihm jetzt den Eintritt nicht gewähren könne. Der Mann überlegt und fragt dann, ob er also später werde eintreten dürfen. »Es ist möglich,« sagt der Türhüter, »jetzt aber nicht.« Da das Tor zum Gesetz offensteht wie immer und der Türhüter beiseite tritt, bückt sich der Mann, um durch das Tor in das Innere zu sehen. Als der Türhüter das merkt, lacht er und sagt:

»Wenn es dich so lockt, versuche es doch, trotz meines Verbotes hineinzugehen. Merke aber: Ich bin mächtig. Und ich bin nur der unterste Türhüter. Von Saal zu Saal stehen aber Türhüter, einer mächtiger als der andere. Schon den Anblick des dritten kann nicht einmal ich mehr ertragen.«

Solche Schwierigkeiten hatte der Mann vom Lande nicht erwartet; das Gesetz soll doch jedem immer zugänglich sein, denkt er, aber als er jetzt den Türhüter in seinem Pelzmantel genauer ansieht, seine große Spitznase, den langen, dünnen, schwarzen, tatarischen Bart, entschließt er sich, doch lieber zu warten, bis er die Erlaubnis zum Eintritt bekommt.

Der Türhüter gibt ihm einen Schemel und läßt ihn seitwärts von der Tür sich niedersetzen. Dort sitzt er Tage und Jahre. Er macht viele Versuche, eingelassen zu werden und ermüdet den Türhüter durch seine Bitten.

Der Türhüter stellt öfters kleine Verhöre mit ihm an, fragt ihn über seine Heimat aus und nach vielem anderen, es sind aber teilnahmslose Fragen, wie sie große Herren stellen, und zum Schlusse sagt er ihm immer wieder, daß er ihn noch nicht einlassen könne.

Der Mann, der sich für seine Reise mit vielem ausgerüstet hat, verwendet alles, und sei es noch so wertvoll, um den Türhüter zu bestechen. Dieser nimmt zwar alles an, aber sagt dabei:

»Ich nehme es nur an, damit du nicht glaubst, etwas versäumt zu haben.«

Während der vielen Jahre beobachtete der Mann den Türhüter fast ununterbrochen. Er vergißt die anderen Türhüter und dieser erste scheint ihm das einzige Hindernis für den Eintritt in das Gesetz. Er verflucht den unglücklichen Zufall in den ersten Jahren rücksichtslos und laut, später, als er alt wird, brummt er nur noch vor sich hin. Er wird kindisch, und, da er in dem jahrelangen Studium des Türhüters auch die Flöhe in seinem Pelzkragen erkannt hat, bittet er auch die Flöhe, ihm zu helfen und den Türhüter umzustimmen.

Schließlich wird sein Augenlicht schwach, und er weiß nicht, ob es um ihn wirklich dunkler wird, oder ob ihn nur seine Augen täuschen. Wohl aber erkennt er jetzt im Dunkel einen Glanz, der unverlöschlich aus der Türe des Gesetzes bricht. Nun lebt er nicht mehr lange. Vor seinem Tode sammeln sich in seinem Kopfe alle Erfahrungen der ganzen Zeit zu einer Frage, die er bisher an den Türhüter noch nicht gestellt hat. Er winkt ihm zu, da er seinen erstarrenden Körper nicht mehr aufrichten kann. Der Türhüter muß sich tief zu ihm hinunterneigen, denn der Größenunterschied hat sich sehr zu Ungunsten des Mannes verändert.

»Was willst du denn jetzt noch wissen?« fragt der Türhüter, »du bist unersättlich.«

»Alle streben doch nach dem Gesetz,« sagte der Mann, »wieso kommt es, daß in den vielen Jahren niemand außer mir Einlaß verlangt hat?«

Der Türhüter erkennt, daß der Mann schon an seinem Ende ist, und, um sein vergehendes Gehör noch zu erreichen, brüllt er ihn an:

»Hier konnte niemand sonst Einlaß erhalten, denn dieser Eingang war nur für dich bestimmt. Ich gehe jetzt und schließe ihn.«

Die W.A.S.-Technik

Die Buchstabenkombination W. A. S. steht als Abkürzung für die drei essentiellen Techniken lösungsorientierter Kommunikation: Wunderfrage, Ausnahmen und Skalen.

- Die *Wunderfrage* ist eine der typischen Ziel- und Zukunftsfragen, mit deren Hilfe sich konkrete Zielvisionen entwickeln lassen, anhand derer dann die nächst möglichen Schritte in diese Richtung erarbeitet werden können.
- Die Frage nach *Ausnahmen* von einem Problem zeigt uns, daß es Zeiten gibt, in denen das Problem weniger stark auftritt oder sogar ganz abwesend ist. Aus der Erkundung dieser Ausnahmezeiten können wir viel für die Bewältigungschancen aktueller Schwierigkeiten lernen. Die Frage nach Ausnahmen bestätigt die Regel, daß es störungsfreie Zeiten und damit auch immer Lösungsmöglichkeiten gibt.
- Die *Skalenfragen* bieten eine Fülle von Möglichkeiten, verschiedene Aspekte teamgerecht einzuschätzen. Das betrifft sowohl die akute Situation, als auch die Ableitung passender Bewertungsmaßstäbe für Veränderungen. Darüber hin-

aus eröffnen sie die realistische Option, einen Lösungsprozeß in kleinen, klar definierten Schritten in Richtung Zielvorstellung einzuleiten.

Die Wunderfrage

»Ich denke, wenn man etwas in die Luft bauen will, so sind es immer besser Schlösser als Kartenhäuser.«

(Georg Christoph Lichtenberg 1742-1799)[1]

Die Funktion der Wunderfrage in der lösungsorientierten Arbeit besteht selbstverständlich nicht darin, auf esoterische Art ein wirkliches Mirakel zu bewerkstelligen; – das wäre ja ein metaphysisches Geschehen. Dieses Ereignis so buchstäblich zu erwarten, verfehlt ein angemessenes Verständnis unserer Vorgehensweise.

Und doch erleben wir häufig bei der Anwendung dieser Technik eine Wende, die an ein Wunder grenzt. Wer einmal beim Coaching mit einem traurigen Mitarbeiter oder einer verzweifelten Gruppe die sich freudig erhellenden Gesichter erlebt hat, wird diese faszinierende Methode so schnell nicht vergessen.

Die Absicht der Wunderfrage besteht darin, unseren Teammitgliedern zu helfen, eine möglichst klare und detaillierte Beschreibung ihrer Zielvorstellungen zu entwickeln, ohne daß sie sich dabei um das Problem kümmern müssen oder um die traditionelle Annahme, daß die Lösung in irgendeiner Weise damit verbunden ist.

Wir bewegen uns also durch die Beschäftigung mit der Wunderfrage fort von dem Bemühen, das Problem richtig zu verstehen, um es zu eliminieren. Statt dessen peilen wir gemeinsam mit unserem Team dessen wünschenswerte Ziele an, um dann herauszufinden, wie die nächsten Schritte zu deren Erreichung aussehen könnten.

---

1 Die Zitate von Lichtenberg in diesem Buch sind dem »Lexikon der boshaften Zitate« von E. G. Tange (1997) entnommen.

Wir wären höchst unrealistisch, wenn wir als Coach oder Teamleiter davon ausgehen würden, daß unser Teammitglieder bereits zu Beginn der Arbeit genau wissen, wohin sie denn eigentlich wollen. Wäre das der Fall, würden sie uns vermutlich gar nicht erst mit derart problematischen Inhalten konfrontieren.

Insofern sind diesbezügliche Veränderungen während des Prozesses zu erwarten und völlig normal. Genau genommen können wir gar nicht wissen, ob unsere Gruppenmitglieder sich darüber im klaren sind, was sie sich wünschen, bevor ihr Wunsch tatsächlich in Erfüllung gegangen ist.

Nichtsdestotrotz sind wir abhängig von den Antworten auf die Wunderfrage, damit auch wir selbst eine gewisse Vorstellung davon entwickeln können, in welche Richtung der Gesamtprozeß nach den Vorstellungen der Gruppe gestaltet werden soll.

> »Und daß ein Ereignis meinen Wunsch zum Schweigen bringt, bedeutet nicht, daß es den Wunsch erfüllt. Ich wäre vielleicht nicht befriedigt, wäre mein Wunsch befriedigt worden.«
>
> (Wittgenstein 1984, S. 441)

Auch wenn wir die Wunderfrage für navigatorische Zwecke verwenden, um einen Kurs bestimmen zu können, sollten wir uns davor hüten, allzu starr an den zunächst herausgearbeiteten Zielen zu kleben.

Es ist auch nicht notwendig, eilig mit dem Team eine bestimmte Zahl von Zielen oder das Erreichen bestimmter Vorgaben als Maß für den Erfolg der lösungsorientierten Arbeit zu vereinbaren, was wiederum die Möglichkeiten zur Veränderung begrenzen würde. Vor allen Dingen wird so die Möglichkeit eingeschränkt, daß das Team etwas entdeckt oder erfindet, was die ursprüngliche Zielvision noch übertrifft.

Trotz aller Begeisterung über die erstaunliche Funktionalität der Wunderfrage hinsichtlich einer zukunftsweisenden Richtungsvorgabe, mit der wir gut arbeiten können, sollten wir uns gelegentlich das Gebot der Offenheit vergegenwärtigen. In diesem Zusammenhang gilt für uns als lösungsorientiert arbeitender Teamleiter:

▷ Verhalte Dich stets so, daß die Möglichkeiten wachsen, also zahlreicher werden!

Wir erinnern uns daran, daß es hier darum geht, Möglichkeitsräume zu eröffnen und nicht darum, Wirklichkeitsräume (das können Probleme, aber auch voreilig festgelegte Ziele sein) abzuschließen. Das impliziert die Vorstellung, daß es immer noch *ein wenig anders* und auch *immer noch besser oder leichter* gehen könnte.

Darum unsere Empfehlung an dieser Stelle, nicht krampfhaft an den Zielen der ersten Sitzung festzuhalten, wenn die Gruppe bereits in der zweiten Sitzung schon so weit ist, sich *andere* (höhere oder auch kleinere) Vorgaben zu setzen. Die lösungsorientierte Arbeit kann nur funktionieren, wenn die Zielvorstellungen von den Teammitgliedern *selbst* entwickelt und auch aktualisiert werden.

Das ändert allerdings nichts daran, als Gruppenleiter auch bestimmte Aufgaben für das Team entwickeln zu können, mit deren Hilfe erste kleine Fortschritte in Richtung der aktuellen Ziele erlebbar werden. Dabei ist es natürlich wichtig, die Aufgaben auf dem aufzubauen, von dem die Gruppe bereits gesagt hat, daß sie weiß, wie es geht!

Darum ist es auch notwendig, insbesondere die *Ausnahmen* von einer Schwierigkeit möglichst genau unter die Lupe zu nehmen.

Die vorrangige Bedeutung der Wunderfrage liegt also in der Vorgabe von wünschenswerten Entwicklungsrichtungen. Die Verwendung der Frage und ihre Beantwortung allein sollen und können selbstverständlich kein Mysterium bewerkstelligen.

Wunder gibt es nicht, sonst wären es ja keine. Wir erstreben mit unserem lösungsorientierten Ansatz auch keine esoterisch gefärbte Zauberkraft, sondern lediglich die Verfolgung einer bestimmten Arbeitstechnik, die uns abseits jedweder Problemanalyse Zugang zum Möglichkeitsraum der Lösungen verschafft, indem sie bestimmte Entwicklungsrichtungen als günstig nahelegt.

Die Wunder, die unsere Teammitglieder beschreiben, geschehen vielleicht nie in der geschilderten Form, und es kann auch nicht unsere Aufgabe sein, Wunderwerke zu vollbringen. Das zu erwarten, würde zudem ein grundlegendes Mißverständnis bedeuten.

Die detaillierten *Vorstellungen* einer Gruppe oder Person über die Zeit nach dem Wunder und die Wege dorthin sind für unseren Ansatz jedoch in jedem Fall nützlicher (Dietrich), als detaillierte Vorstellungen über die Beschaffenheit oder die Gründe für ein Problem (Schloß).

Typen und Arten der Wunderfrage

Um positive Visionen zu erzeugen, gibt es eine Fülle von Möglichkeiten, von denen wir im folgenden einige skizzieren.

Ersatzidentität
Stellen Sie sich bitte vor, Sie könnten an einem Tag in naher Zukunft einmal ganz anders sein als sonst.
- Wie wären Sie dann?
- Was würden Sie tun?
- Wo wären Sie dann?
- Wie wäre dann Ihr Tagesablauf?

Die Formulierung der Wunderfrage
Wenn Sie heute abend zu Bett gehen und schlafen, geschieht über Nacht ein Wunder, so daß morgen früh all Ihre Probleme gelöst sind. – Da das Wunder allerdings geschieht, während Sie schlafen, wissen Sie morgen früh noch nichts davon. Wenn Sie also morgen früh aufwachen:
- Woran werden Sie als erstes merken, daß das Wunder geschehen ist?
- Wer wird sonst noch merken, daß ein Wunder geschehen ist?
- Was ist dann anders als sonst?
- Wie werden Sie feststellen, daß ein Wunder geschehen ist?

Ausnahmen

»Sehr viele und vielleicht die meisten Menschen müssen, um etwas zu finden, erst wissen, daß es da ist.«

(Georg Christoph Lichtenberg)

Bei jeder Schilderung einer problematischen Situation einer Person, Gruppe oder Organisation gibt es in der Vergangenheit Phasen, in denen es besser oder sogar fast optimal gelaufen ist. Es gab bereits Lösungsansätze des Systems, die funktioniert haben.

Wenn man weiter forscht, stellt man in der Regel fest, daß an dieser Stelle noch ein unendliches Potential schlummert, das nur entdeckt und entwickelt werden muß. Dieses Entdekken und der Anstoß zur Entwicklung ist die Aufgabe des Coaches oder des Teamleiters.

Dabei gilt es, wie beim Zoom einer Kamera, die bisherigen Bewältigungsstrategien in den Fokus der aktuellen Überlegungen zu stellen.

Fragen könnten etwa sein:

- Wann ging es schon mal besser?
- Was haben Sie damals gemacht?
- Wie kam es, daß Sie schließlich wieder besser zurechtkamen?

Interessanterweise haben die so Befragten es häufig fast vergessen, daß es in der Vergangenheit schon diverse erfolgreiche Lösungsstrategien gegeben hat. Das Verweisen auf existierende Potentiale bringt Lichtblicke in die derzeit dunkel erscheinende Situation.

Der Glaube an die eigenen Fähigkeiten wächst, die Annahme einer gelingenden Bewältigung wird wieder zur zuversichtlichen Selbstverständlichkeit, und die aktuelle Diskussion wird interessanter. Automatisch entstehen Lösungsgespräche etwa mit folgenden Fragen:

- Was müssen wir tun, um die damaligen Lösungsstrategien wieder aufleben zu lassen?
- Wie müssen wir uns heute weiterentwickeln, um adäquate Lösungen zu finden?

– Es war zeitweise gar nicht so schlecht. Also müssen wir doch irgend etwas richtig gemacht haben! Was könnte das gewesen sein?

▷ Das Arbeiten mit *Ausnahmen* lenkt den Fokus auf vorhandene Potentiale.

Es handelt sich hier um ein mächtiges Werkzeug, durch das man die Aufmerksamkeit gezielt auf bereits vorhandene Lösungsstrategien, deren Wiederaufnahme und Weiterentwicklung konzentriert.

Ausnahmen bestätigen die Regel, daß es fast immer auch störungsfreie Zeiten gab und gibt. Das bedeutet, daß kundige Mitarbeiter zu bestimmten Zeiten gut zurechtkommen und somit auch selbst wissen, wie sie gut zurechtkommen können. Es gibt also immer bereits Lösungen!

Sobald allerdings Schwierigkeiten auftreten, wird von der Kundigkeit allzu schnell wieder abgesehen, um das Problem ins Visier zu bekommen. Dieses Wissen um die vorhandenen Fähigkeiten und Potentiale, erfolgreich Schwierigkeiten zu meistern, tritt sehr schnell in den Hintergrund, wird oft ganz vergessen, sobald sich eine Problemanalyse aufdrängt.

Das Prinzip der Lösungsorientierung legt hier nahe, uns an die vorhandene Kundigkeit unserer Mitarbeiter zu erinnern, um daraufhin die Suche nach Ausnahmen einzuleiten. Es geht darum, herauszufinden, was sonst noch anders war zu den Zeiten, in denen die mittlerweile üblichen Schwierigkeiten ausnahmsweise ausgeblieben sind.

Was können wir aus diesen Zeiten lernen? Nun, die erste Lektion besteht in der wichtigen Erkenntnis, daß Mitarbeiter auch problemfreie Zeiten erleben – sie also auch wieder herstellen können.

Der zweite maßgebliche Aspekt liegt in der Erkundung des Kontexts und seiner Veränderungen während der Zeiten gelungener Ausnahmen.

– Gibt es etwas im kontextuellen Bereich, das *anders* ist, wenn alles ausnahmsweise mal gut klappt?

Wenn ja, können wir dann dafür sorgen, daß dieser Unterschied beibehalten wird, um zu sehen, ob es ein maßgeblicher Unterschied ist, der dem Erfolg zuträglich ist.

Die Suche nach Ausnahmen sollte in der lösungsorientierten Arbeit sehr sorgfältig betrieben werden. Manchmal wird die Frage nach Ausnahmen auch vorschnell verneint, und später stellt sich über Umwege heraus, daß es doch einige spontane Ausnahmen gegeben hat. Auch diese spontanen Ausnahmen können wir näher daraufhin untersuchen, ob sich Möglichkeiten einer bewußten Kontrolle eröffnen.

Schließlich geht es ja darum, zu unterlassen, was nicht funktioniert und herauszufinden, wann und wie etwas besser klappt, um es dann auch häufiger so umsetzen zu können.

Bewußte Ausnahmen
- bieten Lösungsansätze an;
- können ausführlich beschrieben werden;
- ermöglichen Einblicke in wichtige Einzelheiten;
- lassen sich wiederholen, wenn die Schritte zu ihrer Durchführung genau erkannt werden.

Spontane Ausnahmen
- beleuchten Veränderungen vor dem aktuellen Gespräch;
- sollten auch auf Details hin genauer untersucht werden;
- legen ein Gespräch über die Möglichkeiten einer bewußten Kontrolle nahe.

»Man soll öfters dasjenige untersuchen, was von den Menschen meist vergessen wird, wo sie nicht hinsehen, und was so sehr als bekannt angenommen wird, daß es keiner Untersuchung mehr wert geachtet wird.«

(Georg Christoph Lichtenberg)

»Ausnahmen sind nicht immer die Bestätigung der alten Regel, sie können auch die Vorboten einer neuen Regel sein.«

(Marie von Ebner-Eschenbach[2])

---

2 Das Zitat stammt aus E. G. Tange (1997).

Unterschiede, die einen Unterschied machen: LOT-Prinzip vs. kausales Prinzip.

LOT-Prinzip	Kausales Prinzip
Gestaltung als Konstruktion von Lösungswegen, die beim Gehen entstehen	Entwicklung als Ausrollen von Vorherbestimmtem, im Sinne einer Kettenreaktion
Erarbeiten von Lösungen	Bearbeiten von Problemen
Synthese von Optionen	Analyse von Problemen
Besinnung auf Ressourcen (z. B. an Unterstützung)	Beklagen von Mangel (z. B. an Unterstützung)
Entwirrung/Entwarnung	Verwirrung/Alarm
Work	Cry
Geniale Ausnahmen werden zur Regel gemacht	Gelegentliches Versagen wird zur Eigenschaft abgestempelt
Gezielte minimale Veränderungen (LOT-Akupunktur)	Anspruch auf Vollständigkeit
Veränderung gleich Besserung	Veränderung gleich Verschlimmerung

Skalen

Bei der Arbeit an diesem Buch beobachtete einer der Autoren folgende Szene: Der Nachbarsjunge kommt aufgeregt zu seiner Mutter und ruf: »Mutti, Mutti, ich habe die Deutscharbeit zurückbekommen!«

So freudig erregt, wie er schien, war anzunehmen, daß er bestimmt eine gute Zensur erhalten hatte. Es überraschte den Beobachter wohl ebenso wie seine Mutter, als er auf ihre Frage, welche Note er bekommen habe, prompt und fröhlich antwortete: »Eine 5!« »Oh!«, sagte die Mutter daraufhin in recht indifferentem Tonfall. In Ermangelung des wohl von ihm erhofften Lobs, die offensichtliche Genugtuung über seine eigene Leistung untermauernd, sagt der Junge lautstark, so als begreife seine Mutter nicht recht: »Keine 6!«

Mancher Leser mag an dieser Stelle den Verdacht hegen, es gehe hier um plumpe Schönfärberei. Vielmehr interessiert uns das Spiel mit den Unterschieden und was wir für die Einleitung einer Lösungsentwicklung daraus lernen können. Betrachten wir das Beispiel etwas genauer:

Sicherlich sind wir mit den meisten Lesern darin einig, daß eine 1 oder 2 im deutschen Schulsystem eine gute Zensur ist. Ebenso stimmen wir mit großer Wahrscheinlichkeit darin überein, daß eine 5 oder gar eine 6 eine schlechte Benotung darstellt.

Der Nachteil, 5 und 6 als schlechte Zensuren gemeinsam in einen Topf zu werfen, liegt jedoch darin, daß ein, wenn auch nur kleiner, Fortschritt bei dieser Betrachtungsweise ausgeblendet wird. Im schlimmsten Fall wird die 5 sogar als Bestätigung der Annahme herhalten, daß es sich bei dem Schüler tatsächlich um einen »Versager« handelt.

Der Junge in unserem Beispiel machte einen erfreuten, ja fast begeisterten Eindruck. Offenbar war er mit sich und seinem (kleinen) Fortschritt sehr zufrieden. Der scheinbar so winzige Unterschied war für ihn wesentlich (also erheblich) und könnte somit den Beginn einer kontinuierlichen Verbesserung einleiten.

Möglicherweise gibt es auch spontane Komplettlösungen, die an die Stelle gewohnter Probleme treten und diese schnell vergessen lassen – uns geht es hier jedoch eher um die Gestaltung eines Weges kleiner Schritte in die richtige Richtung.

Die Verwendung von Skalen und Skalierungsfragen ermöglicht es, herauszufinden, worin einer der nächsten kleinen Schritte bestehen könnte. Statistische Fragen, etwa über die Vergleichbarkeit des Abstands zweier Skalenwerte, spielen in diesem Zusammenhang allerdings keine Rolle. Für uns geht es um die perspektivische Dimension, also die Konstruktion möglicher Fortschritte.

Die Anwendung von Skalen in diesem Zusammenhang erfüllt im wesentlichen vier Funktionen:

(a) die Einführung einer Skala des Erfolgs erlaubt eine Wertschätzung der bereits geleisteten Bemühungen seitens der Per-

son oder des Teams, seine Schwierigkeiten zu meistern. Die Person oder Gruppe wird an ihre eigenen Ressourcen erinnert und auch daran, daß sie zu bestimmten Zeiten dem Problem erfolgreich begegnen konnte. Das kann im besten Fall sogar dazu führen, daß ein Mitarbeiter oder das Team sich wieder in der Lage sieht, an die bereits verloren geglaubte Zuversicht anzuknüpfen und etwas Neues zu probieren.

(b) die Produktion von Ideen für weitere Verbesserungen. Wir laden die Person oder das Team zu folgender Betrachtungsweise ein: Stellen Sie sich bitte vor, den beklagten Sachverhalt in seinem allerschlimmsten Zustand bewerten wir mit »0« – die »10« steht dafür, daß das Problem vollständig gelöst ist. Wo etwa zwischen 0 und 10 würden Sie die heutige Situation einschätzen?

Da das Team wohl kaum den maximalen Wert geben wird, können wir dann fragen: Was werden/können Sie tun, um ein bis zwei Punkte höher auf der Skala zu kommen? Wird der ausführlichen Beantwortung dieser Frage genug Raum gegeben, entstehen dabei bereits Möglichkeiten adäquater nächster Handlungsschritte und eine positiv besetzte Zukunftsperspektive. Sicherlich unterstellt diese Fragetechnik eine gewisse Zuversicht in das Entwicklungspotential des Mitarbeiters oder Teams, und genau das ist auch beabsichtigt.

Jedoch erschöpft sich dieses Vertrauen nicht in einer schönfärberischen Attitüde nach dem Motto: »Es wird alles schon wieder werden…«, sondern dem Team oder Mitarbeiter wird ganz konkret ermöglicht, die für ihn angemessenen und möglichen nächsten Schritte herauszufinden und sich dann an die Arbeit zu machen.

Um noch einmal auf das Beispiel vom Anfang zurückzukommen: Die traditionelle Sichtweise hätte wahrscheinlich die schlechte Note des Kindes als weiteren Beweis dafür ausgelegt, daß er nun einmal ein »schwacher Schüler« sei. Daran mögen sich alle möglichen Erklärungsversuche anschließen, die die Frage zu beantworten suchen, wie es dazu käme, – die Palette reicht von »unkonzentriert« oder »aufmerksamkeitsgestört«, über »minderbegabt« bis hin zur »Legasthenie«.

Keines dieser Erklärungsmodelle ist jedoch in der Lage, Wege aufzuzeigen, was der Schüler konkret tun könnte, um einen Schritt weiter, also von »5« auf »4« zu kommen. Diese Frage kann am besten das Kind selbst beantworten, sofern es in entsprechendem Rahmen ausreichend Gelegenheit dazu erhält.

(c) die Einführung einer Skala der Wichtigkeit von Veränderung. Um die Dringlichkeit, mit der ein Mitarbeiter (oder das Team) den beklagten Sachverhalt wirklich verändern möchte, transparent zu machen, können wir danach fragen, wie sehr ihm auf einer Skala von 0 bis 10 daran gelegen ist, die Schwierigkeiten zu beenden und mit der Erarbeitung von Lösungen zu beginnen.

Dieses Vorgehen hilft bei der Einschätzung der aktuellen Situation und bewahrt davor, die Wünsche und Anliegen der Gruppe aufgrund falscher Annahmen zu übergehen oder gar zu ignorieren.

Wenn wir bemerken, *selbst* etwas für den Mitarbeiter (oder das Team) zu wollen, ohne daß das in irgendeiner Weise von ihm gewünscht oder geäußert wurde, haben wir den Kurs des LOT-Prinzips bereits verlassen. Dafür, daß eine Teamgemeinschaft in entsprechenden Rahmen ausreichend Zeit und Gelegenheit erhält, eigenständig Ziele, Wünsche und Wege dorthin zu äußern, zu erörtern und weiterzuentwickeln, sind wir als Teamleiter allerdings maßgeblich mitverantwortlich.

(d) die Einführung einer Skala der aktuellen Zuversicht. Die Zuversicht in die Möglichkeiten der selbständigen Überwindung von Schwierigkeiten und die aktuelle Einschätzung eigener Fähigkeiten, Stärken und Ressourcen kann mittels einer Skala für die Zuversicht erhoben werden.

Auch hier lassen sich im Anschluß an eine aktuelle Einschätzung direkt Vorschläge für Verbesserungen einsammeln und dokumentieren, die die jeweilige Gruppe dann wiederum um einige Punkte auf der Skala der Zuversicht nach oben bringen kann.

Skalierungsfragen erleichtern es, auf der Seite der Lösungen zu bleiben. Dabei sollten wir besonders darauf achten, welche Potentiale, uns das Team enthüllt dieses oder jenes zu tun! Es ist eine Fülle verschiedener Skalen denkbar:

- eine Skala *der Fortschritte*, verbunden mit der Frage: Wo stehen wir heute? (Punktwerte ebenfalls zwischen 0 und 10);
- eine Skala des *angepeilten (Entspannungs-) Erfolgs* (0 = keine Chance; 10 = ganz sicher);
- eine Skala des *Handelns hinsichtlich bestimmter Aufgaben* (0 = nichts tun; 10 = fast alles tun, um die Bewertung 10 zu erreichen);
- eine Skala des *Wunsches nach dem Wunder* (0 = Wunder brauche ich nicht; 10 = wünsche es, so sehr es nur geht);
- eine Skala des *Wollens, mit der Veränderung zu beginnen* (0 = kein Wollen; 10 = wünsche es, so sehr es nur geht);
- eine Skala der aktuellen Stimmungslage,
- eine Skala des Wunsches nach aktiver Gestaltung;
- eine Skala der eigenen Ressourcen;
- eine Skala des Wunsches nach Veränderung;
- eine Skala der Häufigkeit für Ausnahmen (bisher, aktuell und zukünftig).

Ziele, Aufgaben und Komplimente (Z.A.K.)

Ziele

- Die Arbeitsziele des Teams (oder Mitarbeiters) sollten für das Team (ihn) selbst bedeutsam sein, damit die Voraussetzung für die Bereitschaft, sich für ihre Erreichung einzusetzen, erhalten bleibt.
- Die Ziele sollten nicht zu hoch gesteckt werden, damit ihre Erreichbarkeit wahrscheinlich ist und somit auch der Erfolg der Arbeit.
- Die Ziele sollten so konkret wie möglich sein und sich auf

das Verhalten des Teams oder Mitarbeiters beziehen, damit sie auch für ihn selbst/für das Team überprüfbar bleiben.

- Die Ziele sollten realistisch sein und selbst gewählt werden können, damit sie mit den Mitteln des Teams oder Mitarbeiters und innerhalb seines/ihres Rahmens erreichbar sind.
- Die Ziele sollten positiv definiert sein. Das bedeutet, sie sollten Vorhandenes als Ausgangspunkt benennen und nicht einen Mangel beschreiben, damit sich eine konkrete Orientierung hin zu Zielen bilden kann.
- Ziele sollten mit Neuanfängen verknüpft sein und nicht nur problembezogen gesehen werden, damit die Verantwortung und Initiative in der Verfügbarkeit der einzelnen Teammitglieder bleibt.
- Die Erreichung von Zielen bedeutet harte Arbeit. Da in unserer Kultur der Lohn für harte Arbeit als verdient empfunden wird, fällt es der Teamgemeinschaft umso leichter, die von ihr erreichten Ziele und Lösungen als wohlverdient anzusehen und zu akzeptieren.

Es kann sich als sehr ungünstig auswirken, die Erreichung von Zielen als Kinderspiel darzustellen, da sonst die Gefahr besteht, die bereits unternommenen vielfältigen Anstrengungen der Mitarbeiter, mit ihrem Problem fertig zu werden, nicht zu würdigen oder gar gering zu schätzen. Gemessen an den bisher ausgebliebenen Fortschritten mag dies vielleicht zutreffend erscheinen, wird jedoch von den Betroffenen leicht als persönliche Geringschätzung mißverstanden und untergräbt somit die angestrebte Zuversicht in eine wünschenswerte Gestaltung der Zukunft.

Um eine Brücke von der Theorie zur Praxis zu schlagen, möchten wir an dieser Stelle noch einige Musterfragen nennen, die die konkrete Arbeit mit Zielen erleichtern. Wir orientieren uns dabei an Walter und Peller (1994).

Zielkriterium	Schlüsselbegriff	Musterfrage
positiv	statt dessen	Was werden Sie *statt dessen* tun?
prozeßhaft	wie	*Wie* werden Sie das tun?
Situationsbezogen	auf dem Weg sein	Wenn Sie *heute* aus der Sitzung gehen und auf dem Weg zu Ihrem Ziel sind, was werden Sie anders machen und wie werden Sie anders zu sich sprechen?
so detailliert wie möglich	spezifisch	Wie werden Sie das *im einzelnen* tun?
im Kontrollbereich des Kunden	Sie	Was werden *Sie* tun, wenn das eintritt?
in der Sprache des Kunden	Wortwahl des/der Kunden verwenden	

Aufgaben

In der Arbeit nach dem LOT-Prinzip ist es üblich, Einzelpersonen oder Teams nach Abschluß eines Treffens Aufgaben mit auf den Weg zu geben. Das Ziel von Aufgaben in der lösungsorientierten Arbeit besteht vor allem darin, daß Coach und Mitarbeiter, Team und Teamleiter gemeinsam herausfinden, *was* funktioniert, um schließlich mehr davon tun zu können. Im günstigsten Fall dienen die Aufgaben gewissermaßen als Schatzkarte, die den Weg zu den eigenen Ressourcen und Möglichkeiten ebnet.

Die Aufgaben können sich beispielsweise auf das *Denken* beziehen, das ein erwünschtes Verhalten schon einmal ermöglicht hat:

- Wie haben Sie es damals geschafft, den Auftrag doch noch rechtzeitig fertigzustellen? Was genau haben Sie sich dabei gedacht? Bitte notieren Sie bis zum nächsten Mal alle Ihre Ideen zu dieser Fragestellung.

Andere Aufgaben bestehen darin, zu *beobachten*, welche Unterschiede etwa in beschwerdefreien Ausnahmezeiten einen Unterschied machen, um diese zukünftig regelmäßig wieder herbeiführen zu können.

- Was genau war sonst noch anders, als Sie es damals doch noch geschafft haben, alles rechtzeitig fertigzustellen? Und was ist heutzutage anders, wenn alles ausnahmsweise glatt läuft? Bitte sammeln Sie bis zum nächsten Mal Ihre Beobachtungen zu dieser Fragestellung.

Eine für die lösungsorientierte Vorgehensweise typische Aufgabe ist die *Vorhersage*. Dabei wird ein Mitarbeiter oder Team gebeten, abends eine Prognose für den folgenden Tag zu stellen. Mittels der Skalierungstechnik wird dann eine Einschätzung vorgenommen, ob ein eher »guter« oder »schlechter« Tag bevorsteht. Anhand der Unterschiede zwischen Voraussage und tatsächlichem Empfinden während des folgenden Tages können Mitarbeiter und Teams lernen, was zu einer Verbesserung beigetragen hat.

- Bitte sagen Sie bis zum nächsten Treffen jeweils abends voraus, wie gut Ihr folgender Tag sein wird und zwar auf einer Skala von eins bis zehn. Am nächsten Abend vergleichen Sie dann Ihre Voraussage mit Ihrer Einschätzung am Ende des Tages. Bitte notieren Sie die *Unterschiede* und Ihre *Erklärungen* dafür, wie diese Unterschiede zustande kommen konnten.

Ein weiteres wichtiges Werkzeug stellt die »So-tun-als-ob-Aufgabe« dar. Dabei werden die Mitarbeiter aufgefordert, an bestimmten Tagen so zu tun, als ob das »Wunder« bereits geschehen sei. Dies ermöglicht vielen Personen andere Sichtweisen und schafft oft neues Vertrauen in die eigenen Handlungskompetenzen.

- Auch auf die Gefahr hin, daß Sie mich vielleicht auslachen, möchte ich es wagen, Ihnen eine ungewöhnliche Aufgabe zu stellen. Bitte tun Sie jeweils dienstags und donnerstags so, als sei Ihr Wunder bereits geschehen. Daß heißt, daß ich Sie ausdrücklich bitten möchte, an diesen

Tagen so zu tun, als könnten Sie bereits das, was Sie wollen.
- Bitte notieren Sie Ihre Erfahrungen an diesen Tagen möglichst detailliert. Welche Unterschiede gab es zu den anderen normalen Tagen? Was konnten Sie daraus für sich lernen?

Sobald durch die Erfüllung von Aufgaben oder die Erkundung von Ausnahmen klar geworden ist, welche konkreten Handlungsweisen funktionieren, also erfolgversprechend sind, können wir zu echten *Handlungsaufgaben* übergehen und die Mitarbeiter dazu ermutigen, mehr von dem zu tun, was klappt und ihnen auch selbst gut tut.

Dabei ist es von Vorteil zu beachten, ob es Unterschiede im Schwierigkeitsgrad der Handlungsaufgaben gibt. Prinzipiell geht es immer darum, mehr von dem zu tun, was funktioniert. Begonnen werden sollten jedoch am besten mit eher leichten Aufgaben nach dem Motto: Tue zuerst das Leichteste von dem was funktioniert.

Einzelpersonen erhalten grundsätzlich Aufgaben vom Coach, während Teams sich in der Regel selbst Aufgaben suchen. Das schließt allerdings die Möglichkeit nicht völlig aus, Aufgaben durch einen lösungsorientiert arbeitenden Teamleiter anzubieten. Der Sinn von Aufgaben in der lösungsorientierten Arbeit liegt darin:
- Lösungsansätze, die bereits immer vorhanden sind, zu stärken;
- Mut für die Umsetzung zu machen und
- günstige Veränderungen reflektierbar zu machen.

Komplimente

Die Stärkung und Aufrechterhaltung von Zuversicht macht einen bedeutenden Teil der lösungsorientierten Arbeit aus. Daher sollten wir uns davor hüten, sie zu gefährden, sondern uns bemühen, die Zuversicht zu bestärken und auszubauen. Schließlich ist es von immenser Bedeutung, daß sich die Teammitglieder ein lösungsorientiertes Vorgehen und Verhalten auch zutrauen.

In der lösungsorientierten Arbeit gehen wir nicht länger davon aus, daß es so etwas wie objektive Information gibt, vielmehr nehmen wir an einem fortlaufenden Gespräch teil, in dem sich wechselseitig neue Bedeutungen und Lösungsansätze entwickeln.

In diesem Zusammenhang ist es von großer Bedeutung, eine positive Atmosphäre in einem zuversichtlichen Rahmen zu gestalten und aufrechtzuerhalten. Dabei ist es hilfreich, die Ansätze, die die Mitarbeiter bereits erfolgreich in ihrem Lösungsbereich realisieren, besonders zu betonen.

Die Blickrichtung hin zu nützlichen Aspekten dient dabei auch als Modell für die Teammitglieder, die ansonsten häufig noch problemfokussiert sprechen und denken. Dabei kann Lob für die bereits geleisteten Lösungsbemühungen, die oft aus dem Blickfeld der Gruppe verschwunden sind, die Zuversicht in die weitere Arbeit stärken und somit die nächsten Schritte erleichtern.

Eine zieloffene Atmosphäre kann auch leichter aufrechterhalten werden, indem Befürchtungen vor einer negativen Bewertung durch den lösungsorientierten Coach oder Gruppenleiter möglichst verringert werden.

Komplimente vermögen bei vielen Mitarbeitern das Gefühl der Selbstsicherheit zu stärken und dadurch Ängste vor Veränderungen abzubauen. Im besten Fall etabliert sich die Selbstverständlichkeit der Annahme, daß Probleme zielsicher überwunden und gelöst werden erneut. Gelingen wird wieder normal.

Positive Rückmeldungen über die enorme Ausdauer oder die große Entschlossenheit, mit der Abteilungen, Teams oder Mitarbeiter ihren Problemen in der Vergangenheit zu begegnen suchten, stärken das Gefühl der eigenen Kompetenz und Fähigkeit, die anstehenden Möglichkeiten zur Lösung erfolgreich wahrzunehmen und für sich zu nutzen.

Eine weitere nicht zu unterschätzende Funktion von Komplimenten ist die der *Normalisierung*. Nicht selten sind Mitarbeiter oder Teams der Auffassung, mit ihnen stimme etwas nicht, weil sie bisher nicht in der Lage waren, ihre Probleme zu lösen.

Diese in freiwillig vorauseilendem Gehorsam etablierte, pathologisierende und Veränderungen blockierende Sichtweise, ist aus den Ansätzen der traditionellen Psychotherapie bekannt, ebenso wie die negativen Konsequenzen von sich selbst erfüllenden Prophezeiungen.

Durch Lob und echte Anerkennung, die das vorhandene Vermögen des Teams oder Mitarbeiters, mit Schwierigkeiten umzugehen, betont, kann der kontraproduktiven Trugschluß umgangen werden, daß mit dem Team oder Mitarbeiter selbst etwas nicht in Ordnung sei.

Hierbei ist es besonders wichtig, darauf hinzuweisen, daß Zweifel und Verwirrung im aktuellen Kontext zu erwarten und normal sind und nicht als Hinweis auf die »eigene Verrücktheit« oder sonstige »Störungen« taugen.

Die Eigenverantwortung und damit auch die Annahme der vorhandenen persönlichen Kompetenz können ebenfalls durch den gezielten Einsatz von Komplimenten vergrößert werden.

Während es in den meisten traditionellen Ansätzen darum geht und auch leider dabei bleibt, *ein Problem zu erkennen und zu analysieren*, funktioniert der lösungsorientierte Ansatz ja gerade dadurch, daß die Mitarbeiter oder Teams ihre *eigenen Ressourcen und Fähigkeiten erkennen*, mit Hilfe derer sie ihre Schwierigkeiten überwinden können.

Auf diese Weise können wir Teammitglieder auch daran erinnern, daß die Verantwortung und die Vorteile der anstehenden Veränderung ganz bei ihnen selbst liegen.

Durch Komplimente können wir also der Entwertung der Verantwortlichkeit von Mitarbeitern zuvorkommen, um so den Boden für die kreative Arbeit an Lösungsmöglichkeiten zu bereiten. Die volle Verantwortlichkeit des Teams bleibt somit in der lösungsorientierten Arbeit erhalten, genauso wie ein kettenrauchender Patient weiterhin für seine Gesundheit verantwortlich ist, und nicht der behandelnde Arzt, den er konsultiert.

Es liegt allerdings in der Verantwortung des Vorgesetzten oder Teamleiters, diese Prämisse der Eigenverantwortlichkeit ausreichend deutlich zu machen, so daß sie für alle Beteiligten verständlich ist.

Ein weiterer Vorteil der Verwendung von Lob ist der, daß Komplimente grundsätzlich stützenden Charakter haben und somit eine Vielzahl von Sichtweisen und Perspektiven fördern. Insbesondere in Gruppen herrscht oft die Auffassung, nur eine Person könne recht haben. In diesem häufigen Fall können Komplimente dazu genutzt werden, wirklich jede einzelne und jeden einzelnen zu unterstützen.

Durch individuelles Lob für die beteiligten Einzelpersonen kann der lösungsorientiert moderierende Teamleiter auch seine Haltung gegenüber der Gruppe als Ganzes wahren und deutlich machen, daß er die unterschiedlichen Positionen und Perspektiven *aller* anerkennt, und daß diese neben- und miteinander bestehen können. Dadurch wird auch implizit die Botschaft vermittelt, daß jeder etwas Positives zur gemeinschaftlichen Gestaltung von Lösungen beizutragen hat.

Z.A.K.-Zusammenfassung

Ziele sind Visionen mit einem Abgabetermin. Sie können uns dabei behilflich sein, eine für uns förderliche Richtung einzuschlagen und dienen ebenso der Navigation, das heißt sie erinnern uns an den von uns vorgesehenen Kurs. Abweichungen werden so schnell deutlich und können rechtzeitig korrigiert werden.

Aufgaben sind generell eine gute Schulung der Aufmerksamkeit, da diese in der lösungsorientierten Arbeit oftmals neu ausgerichtet werden muß. Aufgaben lenken unseren Blick auf relevante Unterschiede zwischen Ist- und Sollvorstellung und helfen immer wieder dabei, aus Phasen des Gelingens zu lernen, um daraus für den Fortschritt unserer Arbeit zu profitieren.

Komplimente und Lob sind leider sehr in Vergessenheit geraten und gelten als »plumpes Schmiermittel« zur unredlichen Manipulation von Mitarbeitern, die das jedoch sehr schnell durchschauen und »Salbungen« dieser Art damit auch überflüssig machen. Wenn wir hier von Komplimenten für bereits geleistete Problembewältigung sprechen, so entspricht dies den Grundsätzen einer lösungsorientierten Vorgehensweise, die Kompetenz, Kundigkeit und Ziele des Gesprächspartners bewußt in den Vordergrund stellt.

Das LOT-Prinzip im Einzelcoaching

Einleitende Bemerkungen

Der besondere Vorteil, den der Einsatz des lösungsorientierten Einzelcoaching bietet, liegt in der sicheren Paßgenauigkeit, mit der konkrete Ziele definiert und vorhandene Ressourcen erschlossen werden können. So geht es auch beim Coaching mit einzelnen Personen darum, deren Kundigkeit für die Entwicklung von für sie selbst geeigneten Lösungsmöglichkeiten arbeiten zu lassen. Demnach erübrigt sich für uns auch eine themenorientierte Gliederung der Beratungstätigkeit in unterschiedliche Bereiche wie etwa: »Arbeit«, »Wohnen«, »Alkoholkonsum« oder »Familie« und »Beziehungszufriedenheit«.

Auch wenn sich die von einer Person beklagten Probleme ohne weiteres diesen oder ähnlichen Kategorien zuordnen ließen, überlassen wir es ihrem persönlichen Expertentum, *statt dessen* den eigenen Ressourcen entsprechende Lösungsmodelle zu entwerfen.

Das bedeutet, daß wir nicht länger in der üblichen Weise eines alles wissenden Vorgesetzten diagnostizieren dürfen, wenn wir ein Coaching nach lösungsorientierten Prinzipien gestalten wollen.

Es wäre der konkreten Ausarbeitung von Lösungsoptionen eher hinderlich, voreilig Konfliktverstrickungen, Motivationsdefizite oder gar »Leistungsfeindlichkeit« zu vermuten und daraus entsprechende Programme abzuleiten.

Einer der Grundsätze der lösungsorientierten Arbeit lautet ja gerade: *Repariere nicht, was nicht kaputt ist!*

Was überhaupt zur Debatte steht – was eventuell reparaturbedürftig ist oder nicht – entscheidet allein der Gesprächspartner. Als lösungsorientiert arbeitender Coach kann es nicht unsere Aufgabe sein, ständig neue exotische Namen für *nur vermutete Defizite* zu erfinden, die angeblich hinter all den aktuell auftretenden Problemen stehen.

Der Beitrag, den wir als Coach zum Gelingen der gemeinsamen Arbeit leisten können, beschränkt sich auf die Wahrung eines insgesamt lösungsorientierten Kurses. Dabei gilt es zu beachten, daß die detaillierten Kurskoordinaten im einzelnen natürlich von der gecoachten Person selbst bestimmt werden. Unsere Aufgabe als Coach ist es, dafür zu sorgen, daß das Beratungsgespräch sich mit Aspekten des Gelingens beschäftigt und nicht in endlosen Problemanalysen versandet.

Um schließlich die geforderte ziel- und zukunftsorientierte Haltung möglichst gut aufrechterhalten zu können, hilft uns in diesem Fall die Kombination dreier Tugenden, die wir im folgenden kurz skizzieren möchten.[1]

Neugier: Die Grundhaltung der Neugier zeigt sich in offenen Fragen und einer Position des Nichtwissens. Die Neugier ist dabei Ausdruck der Neutralität des Coaches, der sich als Fragender versteht.

Dies ermöglicht sozusagen gemeinsam mit Hilfe der Vorstellungen des Mitarbeiters, Lösungsoptionen zu erkunden und eben vor allem auf diese besondere Art und Weise mit ihm zu kooperieren. Der Coach ist nicht länger der Experte, der immer ganz genau weiß, wo es lang geht und der dazu bestimmt ist, instruktiv und lenkend sein Gegenüber zu dominieren.

Der lösungsorientierte Coach ist interessiert an den Vorstellungen, Zielen und Feinheiten, die für seinen Gesprächspart-

---

1 In Anlehnung an bisher unveröffentlichtes Seminarmaterial von Dipl.-Psych. Susanne Vogeley und Dipl.-Psych. Uwe Michalak, Fachhochschule Münster.

ner Sinn machen und daran, in Form einer kooperativen Kommunikation gemeinsam Lösungen und Wege dorthin zu entwerfen, die den Vorstellungen und Ressourcen der betreffenden Person entsprechen.

Respekt: Das Wort Respekt kommt aus dem Lateinischen und bedeutet wie »gerade zurückblicken«. Respekt erweist sich also darin, daß andere als *ebenbürtig* geschätzt werden.

Im Unterschied zur Akzeptanz, die von Zustimmung oder Ablehnung abhängt, ist Respekt frei von jedwedem Bewertungsaspekt. Somit ergänzt Respekt die Haltung der Neugier in für uns nützlicher Art und Weise.

Wenn Respekt mit Neugier gekoppelt ist, wird ein kooperativer und lösungsorientierter Diskurs ermöglicht, der die Vorstellungswelt des Dialogpartners berücksichtigt und somit förderlich für die Gestaltung der konkreten Teilziele und Wege dorthin ist.

Kundigkeit: Kundigkeit bedeutet, daß Menschen sowohl kompetent als auch kundig hinsichtlich ihrer Probleme, Fragen und Lösungsoptionen sind. Sie *selbst* sind die Experten für sich und ihren Lebens- und Arbeitskontext. Sie wissen selbst am besten, was sie gut können und was vielleicht schon einmal funktioniert hat. Sie sind auch diejenigen, die ihre Themen, Ziele und sonstige Vorgaben in den Mittelpunkt des Coachinggeschehens stellen dürfen und sollen.

Letztendlich sind es im Idealfall auch die gecoachten Personen selbst, die den Beginn der gemeinsamen Arbeit, die Formulierung des Beratungsauftrags und schließlich auch seine Fortsetzung und spätere Beendigung festlegen.

Vorgehensweise

Zunächst ist es hilfreich, den Ablauf eines lösungsorientierten Coachinggesprächs in zwei Phasen zu unterteilen. Im ersten Teil, den wir als Problemgespräch bezeichnen, geht es um die beschwerliche Seite, die Klagen und Probleme. Wir sind durchaus der Auffassung, daß auch dieser Teil des Beratungsgeschehens seine Berechtigung hat.

Es gibt eine Zeit zum Klagen, und es gibt eine Zeit, um über Veränderungen zu sprechen und letzteres wird uns nur gelingen, wenn ersteres mit ausreichendem Respekt bedacht worden ist. Auch aus Schilderungen problematischer Umstände können wir bereits etwas über Erfahrungen mit Bewältigungsstrategien und bewußte oder spontane Ausnahmen lernen.

Außerdem wissen wir dann schon, was nicht funktioniert, das heißt, was wir nicht mehr ausprobieren müssen, sondern was wir am besten unterlassen. Normalerweise beginnt das Gespräch im lösungsorientierten Einzelcoaching mit der Frage: *Guten Tag, Herr/Frau X, worüber möchten Sie heute mit mir sprechen?*

Lautet die Antwort etwa: »Mein Ziel ist, daß Sie mir dabei helfen, noch selbstsicherer aufzutreten«, dann können Sie sich Phase eins, das Problemgespräch, sparen.

Üblicherweise wird es sich jedoch in den allermeisten Fällen zunächst einmal um eine Beschwerde oder Klage handeln, mit der der beratende Coach konfrontiert wird. Wichtig ist es dann für den Coach, ruhig zuzuhören, sich zu entspannen, genau auf die Wortwahl des Gesprächspartners zu achten, sowie besonders konkret erwähnte oder nur angedeutete Ausnahmen zu beachten. Er sollte sich jedoch davor hüten, mit allzuviel Einfühlungsvermögen auf die Ausführungen einer klagenden Person zu reagieren und diese so übermäßig zu verstärken.

Gegen Ende des Problemgesprächs wiederholen sich die Ausführungen bezüglich eines zu beklagenden Sachverhalts zumeist. Manchmal markieren Klagende auch selbst ein Ende ihres Berichtes. Dies geschieht zum Beispiel durch Sätze wie: »Ja. Das ist es.« Oder: »... darum bin ich hier.«

Offensichtlich ist nun der Coach an der Reihe, seinen Teil zum weiteren Verlauf des Gesprächs beizutragen. An dieser Stelle erwarten Gesprächspartner weitere Fragen nach dem Problem oder nach Details aus diesem Bereich. Die Erwartungshaltung der meisten läßt sich in diesem Zusammenhang gut mit dem Diagnose-Rezept-Modell beschreiben. Sie gehen davon aus, daß der Coach möglichst genau über ein Problem Bescheid wissen muß, um schließlich mit einem ganz speziellen Tip weiterhelfen zu können.

Für den lösungsorientiert arbeitenden Coach ist es wichtig zu wissen, wann er an der Reihe ist, oder wann das Gegenüber einen Beitrag erwartet und dafür offen ist. Dann können wir behutsam den Übergang von Phase eins (*Problemgespräch*) zu Phase zwei (*Veränderungsgespräch*) einleiten. Sicherheitshalber sollte er sich an dieser Stelle immer noch einmal danach erkundigen, ob alles Wichtige auch angesprochen worden ist. Dazu eignet sich die Frage: *Gibt es noch etwas?*

Den Gesprächspartnern sollte ausreichend Zeit für die ausführliche Beantwortung dieser Frage gegeben werden, für den Fall, daß sie bejaht wird. Falls sie jedoch verneint wird, ist der Coach gefragt, der das Gespräch durch eine konsequente Lösungsorientiertung zu bereichern sucht.

Der Einstieg in eine lösungsorientierte Vorstellungswelt gelingt häufig am besten mit einer sorgfältig gestellten Ziel- und Zukunftsfrage. Doch zuvor empfiehlt es sich, beim Gesprächspartner die Erlaubnis dafür einzuholen, eine sehr ungewöhnliche Frage stellen zu dürfen.

Damit wird einerseits formell das Problemgespräch abgeschlossen und andererseits noch einmal die aktuelle Bereitschaft des Gegenübers überprüft, sich nun gemeinsam auf ungewohntes Terrain zu begeben.

▷ Coach: *Ich möchte Ihnen jetzt gerne eine etwas ungewöhnliche Frage stellen. – Ist dies möglich?*

Wird die Frage bejaht, kann das Veränderungsgespräch direkt mit einer Ziel- und Zukunftsfrage eröffnet werden.

Da die meisten Menschen etwa eine Wunderfrage vermutlich zum ersten Mal in ihrem Leben hören, sollte sich der Coach besondere Mühe damit geben und die Frage darum so langsam und deutlich wie möglich formulieren. Zu bedenken ist, daß eine gut gestellte Wunderfrage eine außerordentlich große Chance für den Gesprächspartner darstellt, sich über Kernziele und mögliche Wege dorthin klar zu werden.

Es bietet sich an, die Formulierung der Wunderfrage zwischendurch immer wieder zu üben. Der Coach sollte sicherstellen, daß er ausreichend Pausen gibt, damit sich die Vorstellungswelt der so befragten Person während der Beschäftigung mit den Antworten erweitern kann.

Es sollte vermieden werden, die Frage runterzuleiern! Auch wenn der Wortlaut korrekt sein mag, so ist die Intonation hierbei mindestens ebenso wichtig. Der Coach sollte nicht wie ein Märchenonkel klingen und sich auch nicht scheuen, sein Gegenüber wissen zu lassen, daß auch er/sie nicht buchstäblich an Wunder glaubt, und daß es mitnichten darum geht, Wunder zu vollbringen, wenn der Kunde offensichtlich ein kritischer Rationalist ist. Es ist hilfreich, sich an die Weltsicht des Gesprächspartners anzukoppeln.

Letztlich zählt, ob es gelingt den Klienten kraft seiner Vorstellung direkt in eine erfüllte Zukunft einzuladen, um dann gemeinsam zu sehen, worin die zu erwartende Wende eigentlich im Detail besteht.

Beim Stellen der Wunderfrage sollte es genügende und ausreichend lange Pausen geben, damit der Zuhörer die einmalige Chance wahrnehmen kann, seine ersten Vorstellungen über die Zeit nach dem Wunder langsam zu entwickeln. Es gibt dabei keinen Grund zur Eile! Später kann man mit besonderen Zusatzfragen immer noch dabei behilflich sein, die Vorstellungen über die Zeit nach dem Wunder im Detail zu erweitern.

Der Coach, der die Wunderfrage stellt, orientiert sich stets an den non-verbalen Signalen seines Gegenübers, die darauf hinweisen, daß man seinen Anregungen folgen kann.

▷ Beim Stellen der Wunderfrage sollte das Sprechtempo in Einklang mit den Gesten stehen, mit denen das Gegenüber non-verbal die Formulierungen des Coaches begleitet!

Bei der Beantwortung der Wunderfrage ist es von Vorteil, sich die genauen Formulierungen und Redewendungen des Gesprächspartners gut einzuprägen (besser: notieren oder aufzeichnen). Es kommt hier schon darauf an, sehr genau zu wissen, wie die Antworten im einzelnen lauten. Dies wird spätestens dann wichtig, wenn es darum geht, kleinere Teilziele der gecoachten Person sprachlich positiv zu wenden, damit sie handhabbar werden.

Fragenkatalog

Eröffnungsfragen

- Was führt Sie zu mir?
- Worüber möchten Sie heute mit mir sprechen?
- Wobei kann ich Ihnen behilflich sein?
- Was ist Ihr Anliegen, wenn Sie mich heute konsultieren?
- Was ist geschehen, daß Sie diesen Termin heute vereinbart haben?
- Was möchten Sie?
- Was soll anders sein, wenn unser Gespräch beendet ist?
- Angenommen, dieses Gespräch verläuft schließlich hilfreich für Sie, woran merken Sie das dann?
- Angenommen, unser Gespräch war hilfreich für Sie und ist nun beendet, worüber haben wir dann gesprochen?
- Wie werden Sie erkennen, daß Sie mich nicht mehr konsultieren müssen?
- Stellen Sie sich vor, Sie würden von unserem Gespräch profitieren, was würden Sie anders machen?
- Worin besteht Ihr Ziel, wenn Sie mich heute aufsuchen?

Eröffnungsfragen für ein Zweitgespräch
- Was hat sich verbessert?
- Was ist jetzt besser?

Ziel- und Zukunftsfragen

Es ist sinnvoll zu unterstellen, daß der Kunde sich schon auf dem Weg in Richtung einer wünschenswerten Zukunft befinden wird, sobald er sich nach der Sitzung auf den Weg nach Hause macht. Dies kann bereits geschehen, während die Wunderfrage gestellt wird:

Variation I der Wunderfrage:
- Stellen Sie sich bitte vor, Sie gehen nachher hier raus und

Sie sind auf dem Weg nach Hause … – … und Sie legen sich heute Abend schlafen, … – … und während Sie schlafen, geschieht über Nacht ein Wunder, … – … und das Problem, weswegen Sie hier sind, ist verschwunden, … – … und Sie wissen noch nicht, daß es passiert ist, weil Sie ja geschlafen haben.

- Wie werden Sie am nächsten Morgen merken, daß das Wunder geschehen ist?
- Woran werden Sie zuerst erkennen, daß etwas anders ist?

Variation II der Wunderfrage:

- Nachdem unsere Zusammenarbeit in einer zufriedenstellenden Weise beendet sein wird, so erfolgreich, daß Ihre Ziele erreicht sind, und daß Sie mich als effektiven Berater an Ihre Kollegen weiterempfehlen werden, was wird sich dann in Ihrer Abteilung verändert haben?
- Angenommen unsere Zusammenarbeit ist für Sie erfolgreich abgeschlossen, woran würden die anderen Mitarbeiter Ihrer Abteilung das merken?
- Worauf könnten Sie heute schon zurückgreifen, um sich schließlich so verändert zu haben, daß unser Beratungsvorhaben für diese Problemstellung als abgeschlossen gelten kann?
- Woran werden Sie merken, daß unser Coaching erfolgreich abgeschlossen worden ist?
- Welche konkreten meßbaren Anzeichen wird es geben?

Weitere Anschlußfragen:

- Woran werden Sie erkennen, daß Sie Ihr Ziel erreicht haben?
- Was wäre ein Zeichen dafür, daß dies bereits (ein wenig) geschieht?
- Wer außer Ihnen würde noch bemerken, daß sie Ihr Ziel erreicht haben?
- Was würden diese Personen von Ihrer Veränderung berichten?
- Was wird dann anders sein?
- Was noch?

Fragen nach Ausnahmen

- Wann tritt Ihre Schwierigkeit nicht auf?
- Wie erklären Sie sich, daß die Schwierigkeit nicht auftritt?
- Wann tritt Ihre Schwierigkeit weniger stark auf?
- Wie erklären Sie sich, daß Ihre Schwierigkeit weniger stark auftritt?
- Wann ist Ihre Lage oder Situation etwas besser?
- Was muß geschehen, damit dies häufiger passiert?
- Was ist anders, wenn die Schwierigkeit weniger stark ist?
- Was ist anders, wenn die Schwierigkeit gar nicht auftritt?
- Was ist der Unterschied, wenn das Problem nicht auftritt?
- Was ist dann sonst noch anders?
- Ist es gelegentlich etwas anders und die Schwierigkeit tritt weniger stark oder sogar gar nicht auf?
- Wie haben Sie das hingekriegt, daß das Problem zeitweise nicht aufgetreten ist?
- Wenn Sie sich besser fühlen, was werden Sie dann tun, was Sie jetzt nicht tun?

Die Fragen, die nach Ausnahmen suchen, helfen im Einzelcoaching dabei, an bereits aufgetretene vergangene Erfolge anzuknüpfen, um so die aktuellen Bewältigungsmöglichkeiten zu verbessern.

Zusätzlich werden Veränderungen, die bereits vor Beginn des Gesprächs stattgefunden haben, näher unter die Lupe genommen, um daraus Optionen für die Gegenwart und die Gestaltung einer wünschenswerten Zukunft ableiten zu können.

Skalenfragen

- Stellen Sie sich bitte eine Skala von 1 bis 10 vor. 1 steht dabei für den denkbar schlechtesten Zustand, 10 hingegen bedeutet, daß Ihr Problem gelöst ist. – Wo befinden Sie sich dann heute?
- Was müßte anders sein, damit Sie sagen könnten, Sie seien um einen Punkt auf der Skala aufgestiegen?

- Was könnten Sie (heute schon) tun, um auf der Skala einen Punkt weiter nach oben zu kommen?
- Angenommen, Sie seien bereits um einen Punkt auf der Skala aufgestiegen, woran werden Sie das merken? Was genau ist dann anders?
- Woran könnte ein anderer erkennen, daß Sie um einen Punkt auf der Skala nach oben aufgestiegen sind?

Bewältigungsfragen

- Wie haben Sie das alles bisher ausgehalten?
- Woher hatten Sie die Kraft?
- Was hat ihnen dabei besonders geholfen?
- Wie kommt es, daß die Dinge nicht noch schlimmer stehen?
- Was tun Sie, um überhaupt klarzukommen?
- Wie haben Sie es geschafft, den Rückschlag zu überwinden?
- Worauf haben Sie zurückgegriffen, was Ihnen bei der Bewältigung Ihrer Schwierigkeiten nützlich gewesen ist?
- Abgesehen von Ihren Problemen, was läuft bei Ihnen am besten?

Hilfreiche Zusatzfragen:

- Angenommen, das Verhalten X passiert, was wird dann anders sein?
- Wenn es Ihnen besser geht, was werden Sie dann tun, was Sie jetzt nicht tun?
- Was werden Sie tun, damit andere Ihre Veränderungen bemerken und bestätigen?
- Wie lange wird es dauern, bis sich Ihre Lage von selbst verbessert?
- Was müßten Sie tun oder lassen, damit sich das Problem verschlimmert?
- Wenn Sie sagen, Person X müßte Verhalten Y zeigen, wie würde das für Sie hilfreich sein?
- Wenn ich eine für Sie wichtige Person frage, was wird sie

beobachten und mir sagen können, wenn Sie kleine Fortschritte in Richtung Ihres Zieles machen, ohne daß Sie sie darauf aufmerksam machen?
- Was werden Sie statt dessen tun?
- Woher wußten Sie, daß das gut für Sie war?

Perspektivische Fragen:

- Wenn ich Herrn X frage, wie Sie hilfreich für ihn sind, wenn Sie das Verhalten Y zeigen, was wird er mir dann sagen?
- Angenommen, ich erkundigte mich bei Herrn X darüber, welche Fortschritte Sie bereits erzielt haben, was wird Herr X dann wohl sagen?
- Wenn ich Herrn X darüber interviewte, was Sie augenblicklich am meisten bräuchten, worauf würde er dann hinweisen?
- Sie überlegen, Verhalten Y gegenüber Person X zu zeigen. Woher wissen Sie, daß dies hilfreich für Person X ist?
- Wenn Sie Verhalten Y gegenüber Person X zeigen, wie verhält sich Person X dann?
- Wenn Person X hier wäre und ich sie danach fragte, was glauben Sie, sagt Person X über die Zeiten, in denen das Problem nicht auftritt?
- Ihr Ziel ist, daß sich die Beziehung zu Person X verbessert. Was glauben Sie, fiele Person X an Ihnen auf, das anders ist, wenn die Beziehung sich ein wenig verbessert hat?
- Wie lange, würde Person X sagen, muß es weiter so gut laufen, damit Person X glaubt, daß das Problem gelöst ist?

Ein Beispiel aus der Praxis

Abgesehen von der innovativen Arbeit in Gruppen und Teams bietet insbesondere auch das Coaching von Einzelpersonen eine gute Gelegenheit für den Einsatz des LOT-Prinzips. Jenseits theoretischer Überlegungen zu Leitungsidentität, Führungsproblemen und Widerständen, lassen sich hier oft verblüffende Ergebnisse erzielen. Dabei ist durch die strukturierte Anwendung des lösungsorientierten Ansatzes bereits gewährleistet, daß die erzielten Lösungsmöglichkeiten für die Einzelperson auch passend sind und ihren eigenen Ressourcen entsprechen.

Im folgenden möchten wir anhand eines konkreten Fallbeispiels demonstrieren, wie eine entsprechend den lösungsorientierten Prinzipien gestaltete Coaching-Sitzung aussehen kann.

Coach: »Guten Tag Frau X. Ich begrüße Sie recht herzlich zu unserer heutigen Coaching-Sitzung. Ich möchte nun eine Zeit lang mit Ihnen über Ihre Situation sprechen und über das, was Sie möchten. Danach werde ich den Raum eventuell für einen kurzen Moment verlassen, um mir all das, was Sie gesagt haben noch einmal in Ruhe zu vergegenwärtigen. Dann werde ich zurückkommen und Ihnen meinen persönlichen Eindruck, einige Rückmeldungen und vielleicht auch eine Aufgabe nennen. Sind Sie mit dieser Vorgehensweise einverstanden?«

Kundin: »Ja, sicher.«

Coach: »Gut, dann fangen wir also an?«

Kundin: »O.K.«

Coach: »Hm. Ja, Frau X, – worin besteht das Ziel Ihrer heutigen Konsultation?«

Kundin: »Ja, hm – also das ist so. Es geht um folgendes Problem: Ich kann im Grunde genommen nicht gut nein sagen! Ich habe eine Aufgabe angenommen, von der ich vermute, daß ich sie jetzt gar nicht zeitlich lösen kann, weil sie bis zum Monatsende erledigt sein muß. Ich habe mir da eben schon wieder was aufhalsen lassen, in der Meinung, ich würde damit jemandem einen Gefallen tun. – Aber eigentlich habe ich da gar keine Zeit zu!«

Coach: »Mhm. O.K. Wie werden Sie jetzt damit umgehen?«

Kundin: »Naja, – da ich die Aufgabe nun mal angenommen habe, werde ich wohl ein, zwei Nachtschichten einschieben müssen oder mein Wochenende dafür opfern.«

Coach: »Oh, – ich verstehe. – Ehm, jetzt mal nur fiktiv, – was würden Sie davon halten, wenn Sie morgen früh erfahren würden, daß jemand anderes diese Aufgabe übernommen hat und Sie sich nun nicht mehr darum zu kümmern brauchten?«

Kundin: »Wow, – das wäre schön, dann wäre ich mit einem Schlag den Druck los, der zur Zeit auf mir lastet! – Andererseits würde es vermutlich nicht lange dauern, bis ich mir von irgend jemand die nächste Sache aufschwatzen lasse und dann wäre es schon wieder genau so, wie jetzt. Das heißt, letztendlich ich müßte trotzdem noch nein sagen können.«

Coach: »Hmh. – Gut, ich möchte Sie jetzt bitten, sich eine Skala von eins bis zehn vorzustellen. Eins steht dafür, daß Sie kaum in der Lage sind, nein zu sagen, wenn Sie jemand um etwas bittet – und zehn steht dafür, daß Sie jederzeit gut in der Lage sind, nein zu sagen, wenn die von Ihnen geforderte Aufgabe Ihr Zeitpensum zu sehr strapaziert.«

Kundin: »Ja, gut.«

Coach: »Wo auf der Skala würden Sie sich zur Zeit sehen?«

Kundin: »Hm, – so bei zwei bis drei etwa.«

Coach: »Hm, gut. – Was glauben Sie, könnten Sie tun, um auf der Skala von drei auf vier zu kommen?«

Kundin: »Tja, ich müßte eben einfach, – wenigstens ab und zu mal nein sagen.«

Coach: »O.K. Wie könnten Sie das lernen? Was können Sie dafür tun?«

Kundin: »Hm, ja, – *genau* ! Also daß ich das ja auch irgendwie üben oder vorbereiten könnte, daran habe ich bisher noch gar nicht gedacht!«

Coach: »Jetzt schon. – Also, wie werden Sie das hinkriegen, ab und zu auch mal nein sagen zu können?«

Kundin: »Hm, – ich könnte zum Beispiel für mich so eine Art eigene Rangreihenfolge bilden, der Dinge, die *mir* am wichtigsten sind und für die ich *meine* Zeit brauche. – Dann wäre mir wahrscheinlich klarer, daß ich eigentlich gar nicht so viel Zeit übrig habe, für Dinge, die vor allem *anderen* wichtig sind. Vielleicht würde es mir dann etwas leichter fallen, mit dem Hinweis auf meine knapp bemessene Zeit auch mal nein zu sagen.«

Coach: »Erstaunlich! Ich bin sehr beeindruckt von Ihrer Idee. – Wie werden Sie diesen Plan im einzelnen umsetzen?«

Kundin: »Nun, ich könnte mich heute abend hinsetzen, und mir genau überlegen, was mir wirklich wichtig ist und wieviel Zeit ich etwa dafür benötige. – Dann müßte ich dafür sorgen, daß diese Dinge auch wirklich *oben* auf meiner Liste bleiben, … – also, ich meine, ich müßte alles andere, was vielleicht an mich herangetragen wird, *unten* drunter setzen. Ja, … und wenn meine eigenen Prioritäten es zeitlich nicht zulassen, dann muß ich eben nein zu etwas sagen, für daß ich eigentlich ja auch keine Zeit habe. – Genau! *So* werde ich es machen.«

Coach: »Ich muß ehrlich sagen, daß mir Ihr Plan gut gefällt. Ich bin überrascht über Ihren schnellen Entschluß, diesen Weg einzuschlagen und wünsche Ihnen, daß Sie es so schaffen, auch mal nein zu sagen. Wenn Sie möchten, können Sie mir gerne von ihren ersten Erfolgen berichten. Bis dahin wünsche ich Ihnen alles Gute und gutes Gelingen.«

Schematische Darstellung der Vorgehensweise

Wie ist die Antwort ausgefallen? Handelt es sich um eine Beschwerde oder Klage, einen Wunsch, ein Problem oder bereits um ein konkretes Ziel? Dementsprechend gestalten wir von Fall zu Fall das weitere Vorgehen – von der Beschreibung des *Problems* zur Beschreibung von *Zielen*:

Beschwerde, Klage oder Problem – dann:
- Was würden Sie gerne daran ändern?
- Was könnten Sie statt dessen tun?

Noch keine klare Zielvorstellung – dann:
- Woran würden Sie erkennen können, daß das Problem gelöst ist?
- Was werden sie anders machen, wenn das Problem gelöst ist?
- Wie können Sie davon schon jetzt ein wenig realisieren?

Beschreibung einer konkreten Zielvorstellung – dann:
- Wie werden Sie das schaffen? Was können Sie dafür tun?

– Wann geschieht das bereits ein wenig?
– Gibt es Zeiten, an denen das Ziel bereits erreicht ist?

Beschreibung gelegentlicher, spontan erfahrener Ausnahmen – dann:
– Wie kommt das zustande?
– Wie kann das sein?

Beschreibung willkürlicher Ausnahmen, – dann:
– Wie genau machen Sie das dann im einzelnen?
– Machen Sie mehr davon.
– Wie werden Sie das schaffen?

Lösungsorientierte Teamarbeit

Zehn Grundregeln für die Arbeit mit Gruppen

Wir haben in den letzten Jahren erstaunliche Erfolge beim Einsatz des LOT-Prinzips in Gruppen erlebt. Es ist deutlich geworden, daß der effektive Einsatz des LOT-Prinzips nicht nur im Dialog funktioniert, sondern auch und gerade in Teams dieses Verfahren zu höherer Kreativität und besserer Motivation der Mitglieder führt.

Wir gehen so weit zu behaupten, daß mit unserer Methode Besprechungszeiten bei größerer Effektivität um 50% reduziert werden können! Dies liegt unter anderem daran, daß der enorme Zeitaufwand, mit dem normalerweise umfangreiche Problemanalysen betrieben werden, mit der lösungsorientierten Vorgehensweise immer geringer geworden ist, ja sogar gegen Null tendiert. Wir beginnen unsere Arbeit möglichst direkt mit der Erarbeitung potentieller Lösungsmöglichkeiten.

Hinzu kommt die gesteigerte Motivation aller Beteiligten, deren Wirkung für das Betriebsergebnis nur langfristig und umfassend meßbar ist.

Ein Beispiel aus der Praxis:

Die Leiterin eines großen Vereins für Immobiliengeschädigte hatte regelmäßig Sitzungen durchzuführen, bei denen Menschen zusammenkamen, die sechsstellige Beträge verloren hatten und gemeinsam beschließen mußten, was nun zu tun sei. Diese Versammlungen hatten über viele Monate immer die gleiche Form und einen ähnlichen Verlauf. Nach festgelegter Tagesordnung bestand der Ablauf verständlicherweise in zweistündigem Klagen über die Schwierigkeit der Situation. Die Teilnehmer verließen diese Treffen äußerst frustriert und nur mit den allernotwendigsten Beschlüssen.

Wir empfahlen die Anwendung des LOT-Prinzips. Das Ergebnis war verblüffend. Nach nur kurzer Klagephase und dem Stellen der Wunderfrage erhellten sich die Mienen. Es wurde intensiv an neuen Lösungsideen gearbeitet und solche auch gefunden. Viele Teilnehmer brachten sich in die Umsetzung der Aktivitäten ein. Diesen positiven Verlauf hatte die Vereinsleitung noch nie erlebt.

Grundregel 1:
Die Anschauungen innerhalb einer Gruppe stehen in enger Verbindung mit ihrem Verhalten und den auftretenden Problemen.

Schon diese schlicht anmutende Feststellung impliziert bei näherer Betrachtung eine wichtige Grundhaltung. Zunächst werden die Weltbilder der Gruppenmitglieder als ausschlaggebend für ihr Verhalten respektiert. Das bedeutet: Es gilt, was die Gruppenmitglieder zu sich selbst, untereinander und zu anderen sagen.

Auch ein systemischer Aspekt wird hier indirekt angedeutet, nämlich der, daß Systeme immer schon eine gewisse (Entwicklungs-) Geschichte hinter sich haben. Daraus ergibt sich die maßgebliche Frage: Wie könnte sie von nun an anders, besser weiter gehen?

Das Wesentliche dieser ersten Annahme liegt jedoch vor allem darin, daß jenseits von technischen Voraussetzungen oder wirtschaftlichen Sachzwängen die Attitüden, Beurteilungen und Vorstellungen der einzelnen Gruppenmitglieder ins Visier genommen und berücksichtigt werden. Hier finden wir auch einen Pool innovativer Zukunftsvisionen, wenn wir die richtigen Fragen stellen.

Indem wir die Anschauungen innerhalb einer Gruppe zum maßgeblichen Thema erheben, eröffnen wir neue Möglichkeiten zum Modifizieren von Erleben und Verhalten, die sonst zumeist unberücksichtigt bleiben würden.

Zielvorstellungen eines Teams können letztendlich quantifiziert und skaliert werden, so daß die notwendigen Zwischenschritte auf dem Weg zu relativ kurzfristig erreichbaren Teilzielen sicht- und begehbar werden.

Prinzipiell sind die Anschauungen einer Gruppe maßgeblich für ihr Verhalten und damit auch für ihre Stagnation oder ihre Auflösung, ebenso wie für Möglichkeiten ihrer Weiterentwicklung.

Grundregel 2:
Die beklagten Schwierigkeiten werden durch die Überzeugung der Gruppe aufrechterhalten, daß das, was sie bezüglich der anfänglichen Probleme zu tun beschlossen hat, das einzig Richtige und Logische gewesen sei.

Deshalb kann sie jetzt gar nicht mehr anders als »Mehr-desselben-Verhaltens« zu zeigen, weil die zweite Möglichkeit einer Entweder-Oder-Prämisse ja vermeintlich abgelehnt oder vergessen wurde.

Die Aussage dieser zweiten Regel enthält bereits eine Erklärung für das Verharren in einem Teufelskreis oder einer Sackgasse, in der die Gruppe gerade steckt.

Mehr desselben zu tun, obwohl es nicht funktioniert, bezeichnen wir als typisches Panikverhalten.

Es sind schon Menschen in einem brennenden Kino umgekommen, obwohl die Türen keinesfalls verriegelt waren. In Panik wurde versucht, die Ausgangstüren, die sich nur nach innen aufziehen lassen, nach außen aufzudrücken. Als das nicht klappte, wurde bloß noch heftiger, panischer und fester gedrückt – vergeblich. Auch hier wurde die zweite Hälfte der Entweder-Oder-Prämisse einfach vergessen, nämlich das Aufziehen der Türen auszuprobieren, wenn das Drücken nicht funktioniert.

Daraus können wir für unser Vorgehen die Regel ableiten: Wenn etwas nicht funktioniert, macht etwas *anderes* (s. auch Regel 9).

Für uns als verantwortliche Gruppenleiter bedeutet dies, daß wir im Sinne einer Entwarnung der Alarmsituation einer Panikstarre entgegenwirken können, wenn es uns gelingt, die Suche nach erfolgreichen Ausnahmezeiten einzuleiten.

Eine andere Möglichkeit besteht in der Beantwortung der Frage, was die Teammitglieder noch nicht alles probiert haben, um die Situation erfolgreich zu verändern.

Grundregel 3:
Die Aufgabe des Gruppenleiters besteht darin, positive Impulse zu setzen (und seien sie noch so klein). Wenn sie von der Gruppe aufgenommen werden, können sie selbst weitere Veränderungen bewirken (Welleneffekt).

Hier tauchen drei weitere wichtige Ideen auf, die maßgeblich für die erfolgreiche Arbeit nach dem LOT-Prinzip sind. Die erste ist wieder systemischer Natur. Sie besagt, daß es nicht unbedingt nur die eine richtige Intervention gibt, sondern daß eine Vielfalt von (kleinen) Veränderungen bereits potentiell die Chance beinhalten, eine der Lösungsmöglichkeiten einzuleiten.

Darüber hinaus wird darauf hingewiesen, daß nach dem Motto: kleine Ursache, große Wirkung, bereits eine minimale Veränderung in Form eines Impulses (i. S. der Chaos-Theorie) ausschlaggebend sein kann.

Die zweite Idee, die hier ins Spiel gebracht wird, ist die Rolle des Gruppenleiters als Katalysator, der eine Reaktion erleichtert oder in Gang bringt. Diesen Umstand können wir gleichzeitig als wichtige neue Definition unserer Aufgabe verstehen, die nicht länger auf nachträgliche Erklärungen, wie es zu dem beklagten Sachverhalt kam, angewiesen ist, sondern die eher darin besteht, durch einen kleinen Unterschied die Entwicklungsrichtung des Gesamtsystems entscheidend zu beeinflussen.

Die dritte Idee des Welleneffekts oder der Kettenreaktion rundet diese Definition dahingehend ab, daß sie unsere Starthilfe sowohl als angemessen und zumeist auch als bereits hinreichend für eine günstige Weiterentwicklung deklariert.

Eine prinzipielle Ausrichtung auf zukünftige Lösungen erleichtert die Veränderungen in die gewünschte Richtung erheblich.

Grundregel 4:
Die Grundlage jeder Änderungsstrategie ist die Vorstellung der Gruppe, wie sie ohne das bestehende Problem funktionieren würde.

Wie also sähe die Welt der Gruppe ohne das Problem aus? Diese Vorstellung möglichst genau zu konkretisieren, ist Aufgabe der Gruppe selbst. Die Gestaltungsarbeit dieses Zukunftsbildes zu initiieren, ist allerdings Aufgabe des Sitzungsleiters (z. B. mit der Wunderfrage).

Bei dieser vierten Grundregel dämmert bereits die Erkenntnis, daß nach der bildlichen Vorstellung einer problemfreien Zukunft durch die Gruppe auch die nächsten dafür notwendigen Schritte am besten vom Team selbst bestimmt werden können.

Die zukünftige Interaktion zwischen allen Beteiligten eines Teams wird maßgeblich durch die Beschreibung von Zielen, einer möglichen Lösung oder der nächsten Schritte dazu beeinflußt.

Sollten wir als Leiter dennoch konkrete kleine Veränderungen oder spezielle Aufgaben als Übungen vorschlagen wollen, so müssen wir die Vision der Gruppe dabei berücksichtigen.

Teams sind immer kooperativ. Sie zeigen uns ihre Überzeugung, wie Änderung eintreten kann. Wenn wir als lösungsorientierte Teamentwickler Denken und Handeln der Gruppenmitglieder zutreffend verstehen, ist Kooperieren unvermeidlich.

Um Denken und Handeln der Teammitglieder zutreffend aufzufassen, bieten sich unter anderen auch die Skalenfragen an, mir deren Hilfe sich vielfältige Einschätzungen etwa über den Grad der Kooperation oder die zu erzielenden Teil- und Fortschritte darstellen lassen.

Die Mitglieder eines lösungsorientiert vorgehenden Teams sind genau diejenigen, die ein gemeinsames Ziel teilen und den Wunsch ausdrücken, etwas zu tun, damit es eintritt.

Der lösungsorientierte Teamleiter ist derjenige, der die Aufgabe übernimmt, das Team zu konkreten Zielen anzuregen, Kooperieren vorauszusetzen und vorzuleben.

> Grundregel 5:
> Umdeutungen brauchen nur vorgeschlagen zu werden, ein neues Verhalten auf der Grundlage einer Umdeutung kann dann die Lösung des Problems durch die Gruppe in die Wege leiten.

Es reicht erstaunlicherweise oft bereits aus, Umdeutungen ins Spiel zu bringen, um eine verhärtete Sichtweise, die sich vielleicht über Jahre hinweg eingeschliffen hat, wieder aufzuweichen. Gelingt dies, so ist der Weg wieder frei für neue und vielfältige Einschätzungen und Beurteilungen, die wiederum die Grundlage und Voraussetzung für neue Verhaltensweisen bilden.

Gemäß der Auffassung, daß sich jenseits der Sprache nichts mehr verbirgt (don't read between the lines), befinden wir uns strenggenommen ja in einem Sprachspiel! Dabei sind die gebräuchlichen Metaphern der Zauberstab, mit dem wir unsere Welten zuerst erschaffen und dann erleben. Und wenn die Welt mittels Sprache verhext wurde, müssen wir auch aus der Welt der Sprache schöpfen, um sie wieder zu entzaubern.

Entscheidend dabei ist der Gedanke, daß erst eine geänderte Sichtweise auch ein anderes Verhalten ermöglicht oder begünstigt. Dazu zwei Beispiele für mögliche Umdeutungen (Reframing).

(a) Eine Rechtsanwaltskanzlei bezeichnet sich als schlecht. Ihr Team hält sich selbst für zu »weich«, da die Anwälte immer auch die gegnerische Seite gut verstehen können.

Reframing: Könnte genau diese Eigenschaft der Anwälte nicht besonders günstig für schlichtende Aktivitäten sein (z. B.: Mediation für Erbengemeinschaften)?

(b) Ein Meister instruiert ständig seine Mitarbeiter (was er unter »Kümmern« versteht) und hält sie damit doch nur auf. *Partielles Reframing*: Könnte Kümmern nicht auch bedeuten, statt dessen dafür zu sorgen, daß den Mitarbeitern ein optimales Arbeitsumfeld geschaffen wird?

Grundregel 6:
Änderung tritt immer auf.

Die Praktiker des LOT-Prinzips legen den Hauptakzent auf das systemische Konzept der Ganzheit: Eine Veränderung in einem Element eines Systems oder in einer der zwischen den Elementen bestehenden Beziehungen wird auch die übrigen Elemente und Beziehungen beeinflussen, die miteinander das System bilden.

Das bedeutet, daß Veränderung im Ganzen unvermeidlich ist, wenn eine Veränderung entweder die Beziehung zwischen den Elementen oder eines der Elemente selbst betrifft. Ob sich etwas verändert, ist nicht die Frage – *wann* sich etwas *so* verändert hat, daß es als *Lösung* gilt, ist die entscheidende Frage, um die es beim LOT-Prinzip geht.

Darüber hinaus klärt diese Grundregel darüber auf, daß es nicht länger notwendig ist, nach dem einen vermeintlich richtigen Grund für den beklagten Sachverhalt zu suchen, sondern besser nach Lösungswegen.

Letztere können entsprechend der Systemtheorie prinzipiell durch jede noch so kleine Veränderung innerhalb des problematischen Zusammenhangs eingeleitet werden.

Es geht also darum, der Gruppe aus ihren eingefahrenen Gleisen und zurück auf ihren eigenen Weg zu verhelfen, und nicht länger darum, ihr zu erklären, weshalb sie in der Ödnis des Sackbahnhofs eingeschlafen ist.

Grundregel 7:
Jede Gruppe weiß potentiell selbst am besten, was sie zur Überwindung von Hindernissen benötigt und welche eigenen Ressourcen dafür von ihr entdeckt und freigesetzt werden können.

Diese optimistische Annahme bedeutet schlichtweg, daß Menschen in der Regel alles haben, was sie brauchen, um ihre eigenen Probleme zu lösen. Dies steht in krassem Gegensatz zu der Auffassung, daß mit der Gruppe oder ihren Mitgliedern irgend etwas nicht stimme, oder daß es bestimmte unüberwindbaren Defizite gebe, die eine Entwicklung der Gruppe behindere oder gar unmöglich mache.

Im LOT-Prinzip erachten wir das Team als eine Gruppe von Kundigen, die selbst am besten Bescheid wissen. Wir gehen grundsätzlich davon aus, daß ein Team sowohl die Wege zu neuen Lösungen erkennen kann als auch über entsprechende Ressourcen verfügt, um dorthin gelangen zu können. Die Gruppe selbst ist Experte für ihren Bereich. Es liegt also allein am Team, eine lösungsorientierte Entwicklung zuzulassen, zu gestalten und zu erleben.

Der Beitrag, den wir als Gruppenleiter leisten können, besteht vor allem in der gezielten Anwendung des lösungsorientierten Frageinstrumentariums, um den kundigen Mitgliedern der Gruppe so eine freie Sicht aus der lösungsorientierten Perspektive zu ermöglichen. Dabei richten wir den Blick insbesondere auf Lösungen im Sinne von Zielen und Ressourcen sowie auf spontane und bewußte Ausnahmen.

Grundregel 8:
Don't read between the lines.

Regel 8 bedeutet etwa soviel wie: nicht zwischen den Zeilen lesen oder etwas dazu erfinden. Statt dessen können wir die vom Team verwendeten Begriffe und Metaphern direkt aufnehmen.

Bei der Verwendung von Sprache sollten lösungsorientiert arbeitende Gruppenleiter natürlich auf die Benutzung von Lösungssprache achten und nicht in die übliche problematisierende Sichtweise verfallen.

Nichtsdestotrotz ist es wichtig, die von den Teammitgliedern bevorzugten Metaphern, Bilder und Sprachfiguren zu berücksichtigen, damit uns eine Ankoppelung an die Weltsicht der Gruppe überhaupt gelingen kann.

Die Verwendung von Antonymen kann uns dabei behilflich sein, uns direkt auf die Äußerungen der kundigen Mitglieder zu beziehen und dabei doch den Rahmen einer Lösungssprache zu wahren.

In jedem Fall sollte man sich davor hüten, voreilig und ohne die Konsequenzen zu bedenken, zwischen den Zeilen zu lesen, hypothetische Gründe für dieses und jenes zu erfinden oder gar eigene diagnostischen Phantasien zu äußern.

Wir halten es im Rahmen einer lösungsorientierten Arbeit für eine kontraproduktive Zumutung, wenn Teamleiter unreflektiert und möglicherweise mit unvorhersehbaren Konsequenzen defizitorientiert oder gar pathologisierend hypothetisieren.

Grundregel 9:
Wenn etwas nicht funktioniert, mache etwas *anderes*!

Ausnahmen zu jedem Problem können vom Gruppenleiter erfragt und vom Team ausfindig gemacht und zum Konstruieren von Lösungen benutzt werden. Es geht dabei ganz pragmatisch um die Erweiterung des aktuellen Verhaltensrepertoires im Problemkontext und auch darum herauszufinden, ob es bereits Ausnahmen gegeben hat, an die angeknüpft werden kann.

Folgende Fragen können bei der Suche nach Ausnahmen behilflich sein:

- Wie war das noch, als es damals einmal so gut lief?
- Was war das für ein Tag?
- Was war da eigentlich anders?

Die Antworten darauf können uns Anregungen für Alternativen bieten, die vielleicht schon einmal kurz aufgetaucht, dann aber wieder in Vergessenheit geraten sind. Sie zeigen darüber hinaus auch, daß die Beteiligten bereits zutreffend in der Lage sind, erfolgreich zu sein. Diese und auch andere spontane Ausnahmen können dann weiter daraufhin untersucht werden, ob und inwieweit sich daraus Möglichkeiten für eine neue Regelmäßigkeit ableiten lassen.

Grundregel 10:
Wenn etwas schlecht läuft, gehe langsamer vor.

»You can't push a flowing river!« Wenn etwas gut läuft, können wir natürlich eine Beschleunigung wagen, jedoch dürfen wir von einer Beschleunigung allein keine Verbesserung erwarten. (Don't go chasing waterfalls!)

Wenn etwas nicht besonders gut klappt, empfiehlt es sich, zunächst eine Entschleunigung vorzunehmen. Dies verringert die Gefahr zunehmend durcheinander zu geraten und sich in Hektik zu verlieren.

Wenn wir die Übersicht wieder zurückgewinnen wollen, müssen wir zunächst eine Verlangsamung zulassen, oder einleiten. In diesem Sinne kann lösungsorientierte Moderation bedeuten, sehr ruhig eine unruhige Kugel zu schieben. Dies ermöglicht es uns, noch viel genauer hinsehen zu können, um so in Episoden des Gelingens, zielsicher Optionen und Ansätze für Lösungen aufzuspüren. Um die Entwicklung einer Lösung überhaupt zu gestatten, ist es oft erforderlich, alle bisher unternommenen Anstrengungen, die sich als nicht angemessen erwiesen haben, konsequent zu unterlassen.

Lösungsorientierte Teamentwicklung

Die Grundidee lösungsorientierter Teamentwicklung ist, daß Produktivität, Kreativität und Zufriedenheit in dem Maße zunehmen, in dem als echtes Team zusammengearbeitet wird.

Die angestrebte Kooperation braucht allerdings ein Fundament, auf dem sich eine Gruppe überhaupt erst entwickeln kann. Eine solche Grundlage kann durch das Erarbeiten einer gemeinsamen, erstrebenswerten Perspektive geschaffen werden. Wirkliches Kooperieren gelingt letztendlich erst, wenn einer Gemeinschaft ihre eigene Zukunft als solche auch am Herzen liegt.

Die Grundannahmen des LOT-Prinzips, einer in Teamarbeit entwickelten Methode, dienen nun wieder der Teamentwicklung selbst. Die Ausrichtung auf die Gestaltung einer erstrebenswerten Zukunft bündelt dabei die Energie der Bestrebungen aller Beteiligten.

Auf formaler und inhaltlicher Ebene funktioniert die Teamarbeit nach dem LOT-Prinzip also folgendermaßen: *Formal* ist die lösungsorientierte Vorgehensweise an die bewährten Prinzipien der Moderationstechnik (Arbeit mit Gruppen) angelehnt.

Das gilt sowohl für die Aufteilung des Ablaufs in drei Phasen: (1) Begrüßung, (2) Themen und (3) Lösungen als auch für die Techniken der Kartenabfrage, des Punktens und Häufelns. *Inhaltlich* folgt die Gestaltung der lösungsorientierten Teamarbeit den Prämissen und Fragetechniken der lösungsorientierten Grundhaltung.

Mittels verschiedener Visionstechniken werden hier direkt konkrete Zielvorstellungen angeregt und die Produktion einer Vielfalt von Lösungsmöglichkeiten eingeleitet. Ebenso wichtig ist die Feststellung des Ist-Zustands sowie der Verbesserungen, denn sie erleichtern das Aufnehmen und Einhalten eines Erfolgskurses mit der gedanklichen Verbindung zur Lösung. Beiden Konzepten gemeinsam ist die Einschätzung des Individuums und der Gruppe, potentiell dazu fähig zu sein, die eigenen Probleme auch mit Hilfe der eigenen Ressourcen zu lösen. Dabei stellt der Ansatz idealerweise eine Verbindung zwischen Gegenwart und Zukunft her, wobei die problematische Vergangenheit weitgehend ignoriert wird.

Das Augenmerk verschiebt sich also von der Frage: *Was ist das Problem?* oder: *Wie kam das es zustande?* zu: *Wo wollen wir hin?* und: *Wie machen wir es besser?*

Die Vergangenheit spielt nur dann noch eine Rolle, wenn es um die Erforschung von gelungenen Ausnahmezeiten geht – also Zeiten, in denen das Problem nicht oder nur weniger deutlich vorhanden war. Beispiele für zielgerichtete Fragen in diese Richtung sind etwa folgende:

- Gab es Zeiten, in denen die Gruppe dieses Problem gar nicht oder weniger stark ausgeprägt erlebte?
- Wenn ja, beschreiben Sie bitte diese gelungene Zeit so genau, wie möglich.

Eine andere Möglichkeit, von Ausnahmen aus der Vergangenheit etwas für die Gestaltung der Zukunft zu lernen besteht in der Anwendung folgender Frage:

- Gab es Zeiten, in denen eine Lösung bereits ein bißchen verwirklicht worden war? Wenn ja, wie haben Sie das geschafft? oder:
- Gab es Episoden in Ihrem Leben, während derer die Lösung in Teilen schon geschehen war?

Auf diese Weise können sowohl die Zuversicht im Hinblick auf die Zukunft des eigenen Teams gestärkt als auch konkrete Ansatzmöglichkeiten für die Gestaltung von Lösungen erarbeitet werden.

Da das Team in diesem Prozeß selbst als Expertengruppe für seine eigenen Ziele und Lösungen fungiert, können wir davon ausgehen, daß die angepeilten Ziele und Wege dorthin auch dem Team und seinen Ressourcen entsprechen, also passend und tauglich sind. Dies spielt eine maßgebliche Rolle für die Möglichkeiten der Fortführung und Weiterentwicklung einer derart gestarteten Neugestaltung. Die Größe der Ziele setzt dabei gewissermaßen den Rahmen für eine permanente Kurskorrektur auf dem Weg der *Zielerreichung*.

Das Erzeugen von positiven Visionen im Team

Um Ziel- und Zukunftsvorstellungen zu erzeugen, gibt es eine Fülle von Möglichkeiten, von denen wir hier zwei skizzieren.

(a) Ersatzidentität, oder: ein neues Team/eine neue Aufgabe:
Stellen Sie sich bitte vor, Sie könnten an einem Tag in naher Zukunft einmal
- ein ganz anderes Team/eine ganz andere Abteilung sein als sonst,
- mit dem gleichen Team ganz neue Aufgabenbereiche abdecken.
- Wie wären Sie dann?
- Was würden Sie tun?
- Wo wären Sie dann?
- Wie wäre dann Ihr Tagesablauf?

(b) Die Anwendung der Wunderfrage:
Wenn Sie heute abend zu Bett gehen und schlafen, geschieht über Nacht ein Wunder, …
- woran werden Sie, wenn Sie morgens in den Betrieb kommen, merken, daß das Wunder geschehen ist?
- Wie würden Sie sich dann verhalten?
- Woran werden andere *Abteilungen, Kunden*, der *Chef* und der *Betriebsrat* merken, daß eine Art Wunder geschehen ist?

Moderationstechnik – richtig gemacht

Die klassische Moderation

Korrekt ausgeführt, ermöglicht die Moderationsmethode die effektive Gestaltung von Besprechungen in Gruppen. Dabei werden prinzipiell alle Beiträge der Teilnehmerinnen und Teilnehmer wertgeschätzt, berücksichtigt und schriftlich auf Karten festgehalten. So gelangen auch die Kommentare und Vorschläge von sonst eher zurückhaltenden Mitarbeitern in den Pool der zu bearbeitenden Themen und Lösungsideen.

Nach der Erstellung eines Themenspeichers wird in demokratischem Verfahren eine Rangfolge der zu bearbeitenden Themen erstellt, die dann entsprechend abgearbeitet werden können.

Bei dieser Methode spielt die bewußte Visualisierung von Inhalten eine große Rolle für den reibungslosen Ablauf der Moderation. Das entsprechende Vorbereiten und Gestalten von diversen Plakaten und Formularen (vom Gruppenspiegel über Erwartungen bis zu Lösungsideen und Umsetzungsplänen) gehört zu den wichtigen Aufgaben des klassischen Moderators. Wichtigstes Kriterium für die Visualisierung ist, daß die Gruppe in der Lage ist, damit zu arbeiten.

Ebenso zählt die Haltung des Moderators zu den typischen Eigenheiten der traditionellen Vorgehensweise. Er sollte seine eigenen Meinungen, Ziele und Werte zurückstellen und auch Meinungsäußerungen oder Verhaltensweisen der Teilnehmer/innen nicht bewerten. Für ihn gibt es während der Moderation kein »richtig« oder »falsch«. Vielmehr nimmt er eine eher fragende als eine behauptende Haltung ein, um die Gruppe zu aktivieren und für das Thema zu öffnen.

Abgesehen davon sollte sich der Moderator seiner eigenen Einstellung zu Menschen und Themen und auch seiner eigenen Stärken und Schwächen bewußt sein und dabei stets die Verantwortung für sein Tun übernehmen. Die Teilnehmer können dadurch ermutigt werden, ebenfalls selbstverantwortlich zu agieren. Darüber hinaus faßt der klassische Moderator alle Äußerungen der Gruppe als Signale auf, die ihm dabei helfen, den Gruppenprozeß zu verstehen. Er versucht, den Teilnehmern ihr eigenes Verhalten bewußt zu machen, so daß Störungen und Konflikte bearbeitet werden können.

Darüber hinaus vermeidet der Sitzungsleiter nach Möglichkeit bei der traditionellen ebenso wie bei der lösungsorientierten Methode eine Diskussion der Gruppe über die Moderationstechnik, sondern er wendet diese statt dessen konsequent an.

In einer traditionell gestalteten Sitzung rechtfertigt sich der Moderator nicht für seine Handlungen und Aussagen, sondern klärt vielmehr die Schwierigkeiten, die hinter Angriffen und Provokationen stehen.

Normalerweise arbeitet der Leiter bei der klassischen Methode mit einem Partner gemeinsam, da sowohl die eigentliche Technik, als auch die Beziehungssituation eine Zusammenarbeit wünschenswert machen.

Für den Fall, daß der Sitzungsleiter organisatorisch oder inhaltlich mit der Gruppe verbunden ist und daher auch einen eigenen Standpunkt als Teilnehmer einzubringen hat, muß er jeweils deutlich machen, wann er in der Funktion des Moderators den Prozeß steuert, und wann er als ein Teil der Gruppe seine eigene Meinung äußert.

Der Moderator ist also nicht oben in der Hierarchie angesiedelt. Sein Ziel kann es nicht sein, ein Expertentum vorzuhalten und nach verborgenen Gründen zu forschen.

Man könnte den Moderator eher als Fachmann für die verschlungenen Wege und das Wie der Kommunikation zwischen Menschen bezeichnen. Dies bestimmt auch die oben skizzierte Grundhaltung und ermöglicht in diesem Zusammenhang auch, den lösungsorientierten Ansatz aufrechtzuerhalten.

Während der Moderator klassischer Prägung eher ein Spürhund für Probleme ist, kann man ihn in unserem Ansatz als einen methodischen Helfer betrachten für Lösungen aus der Verstrickung eines Problems.

> »Weil die Menschen sehr geneigt zum Aufschieben und zur Langsamkeit sind, und gemeiniglich das, was um fünf Uhr des Morgens vor sich gehen soll, erst um sechs Uhr geschieht, so kann man sicher darauf rechnen, daß man die Oberhand in einer Sache behält, wenn man alles ohne den geringsten Verzug unternimmt.«
>
> (Georg Christoph Lichtenberg)

Die lösungsorientierte Moderation

Auch in der lösungsorientierten Vorgehensweise gilt der Gruppenleiter als Experte für die Form der Moderation. Doch seine Verantwortlichkeit erweitert sich hier von der Verpflichtung zu inhaltlicher Abstinenz hin zur Einhaltung einer konsequent lösungsorientierten Arbeitsweise.

Ein derartig ausgerichteter Prozeß hat selbstverständlich Einfluß auf die Art der verwendeten Fragestellungen und damit auch auf die angesprochenen Inhalte, die sich nicht länger in endlosen Beschreibungen zu beklagender Sachverhalte der Vergangenheit erschöpfen.

Sie sollen statt dessen möglichst erstrebenswerte zukünftige Ziele und Wege dorthin aufzeigen. Das heißt, der Moderator hat seine Aufgabe als Lösungshelfer wahrzunehmen und nicht länger als Spürhund für Probleme zu fungieren.

Seinen damit verbundenen Pflichten gerecht zu werden, bedeutet aber nun keineswegs selber Lösungsvorschläge zu unterbreiten oder gar durchzusetzen, sondern hier geht es ähnlich wie bei der klassischen Moderationstechnik darum, die Eigenaktivität und Kreativität einer Gruppe lösungsorientiert zu moderieren. Dazu soll ein geeigneter Rahmen geschaffen und gewahrt werden. Der Moderator bleibt auch hier in der Rolle des Spürhundes, allerdings für Lösungen, nicht für Probleme. Die Lösungskeime die auf diesem Wege entwickelt werden, sind also zarte Triebe, die die Gruppe selbst gepflanzt hat und keine Expertenvorschläge des Sitzungsleiters.

Er bleibt lediglich der Fachmann für die Einhaltung der Grundprinzipien einer lösungsorientierten Teamentwicklung. Das beinhaltet die Anwendung bestimmter Frage- und Skalierungstechniken, anhand derer die Gruppe zu ihren eigenen Lösungsideen gelangen kann.

Zu den Aufgaben eines Moderators auf Basis des LOT-Prinzips gehört es, darauf zu achten, daß der Rahmen einer lösungsgenerierenden Arbeitsweise gewahrt bleibt. Die Entwicklung konkreter Zielvorstellungen, die Bewertung der gemeinsam erarbeiteten Lösungsmöglichkeiten und die nächsten Schritte in Richtung einer Bewältigung obliegt ebenfalls *der Gruppe selbst.*

Aufgabe des Moderators ist es, ausreichend Raum und Gelegenheit für die kreative Erarbeitung von möglichen Lösungswegen sicherzustellen. Gelingt dies, so können wir fast sicher sein, daß die Gruppe ihre eigenen angemessenen Strategien auf der Grundlage ihrer eigenen Ressourcen entwickeln wird.

So bleibt der Moderator also auch weiterhin verantwortlich für die Gestaltung des Prozesses, in diesem Fall allerdings für die Gestaltung und Wahrung eines lösungsorientierten Vorgehens.

Hier gilt es, auf einen wesentlichen Unterschied zwischen innovativ-lösungsorientierter und klassischer Moderation aufmerksam zu machen: Während der Moderator traditioneller Prägung alle Äußerungen der Gruppe als Signale für unbestimmte dahinterliegende Konflikte oder Störungen auffaßt, die ihm dabei helfen sollen, den Gruppenprozeß besser zu verstehen, verzichtet der lösungsorientierte Praktiker auf derartige Spekulationen! Die Annahme bestimmter Gruppenprozesse wie etwa die sogenannte Gruppendynamik gibt es in der lösungsorientierten Moderation in der Form nicht.

Zu der hier angestrebten Gestaltung einer Sitzung gehört die Kunst, möglichst alle gemachten Äußerungen wörtlich zu nehmen, so wie sie gesagt wurden. Ziel sollte es sein, darauf zu verzichten, »zwischen den Zeilen zu lesen« und so den Teilnehmern vorschnell Absichten, Einstellungen oder Ziele zu unterstellen, die vielleicht nahe liegen, jedoch (noch) nicht ausdrücklich geäußert wurden.

Der lösungsorientierte Moderator bleibt dicht am Text. Dieser Umstand ist von immenser Bedeutung, wenn es um das Sammeln von möglichen Lösungsschritten geht, die ja schließlich auch sehr konkret sein sollen und die insbesondere nur dann Sinn machen, wenn sie von der betreffenden Gruppe selbst entwickelt und formuliert worden sind.

Dazu noch ein eindringliches Beispiel. Einen Satz wie: »Lehnen Sie sich doch nicht so ›verkopft‹ gegen Ihre Körpersprache auf …«, wird in keiner guten und lösungsorientierten Moderation zu hören sein. Jedenfalls nicht vom Leiter der Sitzung! Es gilt zu beachten: Das Team selbst ist der Experte für das eigene Befinden.

In einer lösungsorientierten Besprechung hingegen geht der Moderator davon aus, daß sich hinter der Sprache *nichts* weiter verbirgt. Das heißt, daß Angriffe und Provokationen eben

Angriffe und Provokationen bleiben und nicht etwa als *Signale* für etwas anderes, vom Moderator dazu Erfundenes herhalten müssen. Der lösungsorientierte Sitzungsleiter sollte sich also davor hüten, scheinbar als Experte zu wissen, welche Art von Schwierigkeiten *dahinterstehen.*

Abgesehen davon geht es in der Moderation auf der Grundlage des LOT-Prinzips nicht um tiefer liegende Schwierigkeiten, sondern um das Generieren von praktikablen, von der Gruppe entwickelten und für die Gruppe passenden Lösungsideen.

Es folgen zwei Beispiele für die Umsetzung der Vorgabe: *Vermeide Problemsprache und benutze statt dessen Lösungssprache.*

(a) *Lösungen*: Konsequenzen für die Benennung auf Flipcharts können beispielsweise

– für die Sammlung: Lösungsspeicher (statt Problemspeicher) und
– für den Ablauf: Themen – Bearbeitung – Lösungen (statt: Probleme – Gründe – Schlußfolgerungen) sein.

(b) *Antonyme*: Um sich an die Weltsicht des Teams anzukoppeln, ohne jedoch in dessen Problemjargon zurückzufallen, bietet sich die Verwendung von Antonymen an, der Verneinung des Gegenteils. Wenn wir zum Beispiel eine lösungsorientierte Frage formulieren wollen, ohne eine Problemsprache zu benutzen, so können wir das über ein Antonym leisten.

Klagt beispielsweise ein Manager darüber, daß er sich in der neuen Abteilung von seinen Mitarbeitern zurückgewiesen fühlt, so können wir fragen: »Was ist anders, wenn Sie sich etwas mehr angenommen fühlen?« (Antonym von *zurückgewiesen* ist nicht *angenommen.*)

Umsetzungsanleitung: Gestaltung, Übungen, Fragen

Einleitende Bemerkungen

Wie kann ein Team seinen Kurs neu definieren, um zu wünschenswerten Ergebnissen zu gelangen? Der allererste Schritt besteht in der Abwendung von bereits heillos verstrickten Problemanalysen. Hier geht es darum, ganz klar einen deutlichen Schnitt zu vollziehen und sich von gewohnten, jedoch wenig bewährten Methoden zu verabschieden.

Wichtig ist dabei, daß die Abkehr von Problemen nicht mit gleichgültiger Ignoranz verwechselt, sondern als eine effektive Strategie zur Gewinnung neuer Möglichkeiten verstanden wird. Schließlich geht es gerade darum, dem Gelingen neue Chancen einzuräumen.

In einem zweiten Schritt werden gemeinsam die Zielvorstellungen erarbeitet, die dabei helfen, den neuen Kurs zu bestimmen. Ausgehend von den Vorstellungen von der Zeit nach dem »Wunder«, leiten wir konkrete Zielideen ab. Haben sich ausreichende Zieldefinitionen entwickelt, können wir uns mit der Beantwortung der Frage beschäftigen, was bereits jetzt schon für die Annäherung an die neuen Ziele getan werden kann.

In diesem Zusammenhang spielt ausnahmsweise auch die Vergangenheit eine Rolle und zwar unter folgender Fragestellung: Wann wurden Teile der aktuellen Zielvorstellungen bereits in der Vergangenheit verwirklicht? Wie kam dieses Gelingen zustande? Welche äußeren Umstände waren zu der Zeit gegeben? Wie wurden Schwierigkeiten und Hindernisse sicher überwunden?

Die Beschäftigung mit und Beantwortung dieser und verwandten Fragestellungen legen bereits die ersten kleinen Schritte und Aufgaben nahe, die die Gruppe ihren Zielen ein Stück näherbringen.

Der dritte wesentliche Schritt besteht dann in der Ausführung der vom Team erarbeiteten Aufgaben, die ähnlich einem Kompaß dabei helfen können, möglichst auf dem Pfad der Lösungen oder des Gelingens zu bleiben. Während dieser Phase der lösungsorientierten Teamentwicklung achten alle Teammitglieder besonders auf das, was sich bewährt. Schließlich geht es ja darum, herauszufinden, was besonders gut funktioniert, um mehr davon tun zu können.

Vorgehensweisen

Strenggenommen handelt es sich bei der lösungsorientierten Arbeitsweise um eine Strategie für die Produktion von Ideen wie auch um die konkrete Planung und Ausführung der im Hinblick auf Zielannäherung nächsten notwendigen Schritte.

Dabei übertragen wir die Grundsätze und Prinzipien der lösungsorientierten Vorgehensweise, die wir bereits aus dem Einzelcoaching kennen, analog auf die Arbeit mit einem Team.

Das heißt, wir reden mit der Gruppe zunächst so, als ob es sich um eine einzelne Person handelt. Wir fragen, wie die Arbeit der Abteilung nach dem Wunder aussehen würde, welche Ausnahmen es bereits von Problemen gegeben hat, und wer welche Schritte zur Annäherung an angepeilte Lösungen unternehmen kann. Die Antworten des Teams werden ebenso mit Respekt und Neugier betrachtet, wie die Antworten eines Individuums.

Der besondere Vorteil der lösungsorientierten Teamentwicklung liegt unter anderem darin begründet, daß für die Beantwortung essentieller Follow-up-Fragen wie zum Beispiel »Was können Sie tun, um als Team auf einer Skala der Verbesserungen hinsichtlich Bereich X um einen Punkt aufzusteigen?« wieder das gesamte Team einschließlich der dadurch bedingten Synergieeffekte bereitsteht. Dies wirkt sich sehr günstig auf die Menge, die Qualität und die Angemessenheit der Ideenproduktion für konkrete Lösungswege aus.

Um die Fülle der Antworten besser handhaben und dokumentieren zu können, wenden wir in der Gruppe grundsätzlich die Moderationsmethode an. Im Unterschied zur klassischen Moderation, die sich zumeist mit der Einkreisung und Identifizierung von Problemen beschäftigt, nehmen wir in der lösungsorientierten Teamarbeit insbesondere *Ausnahmen* von einem Problem und die *Zeiten des Gelingens* ins Visier.

So entsteht für ein Team die Möglichkeit, selbst lösungsorientierte Bewältigungsstrategien zu entwickeln. Dies entspricht praktisch einer Abkehr von Klagen oder Schuldzuweisungen hin zur Nutzung von offenen Möglichkeiten und bereits (verborgen) vorhandenen Ressourcen.

Im folgenden stellen wir drei Techniken zur Eröffnung vor, mit deren Hilfe sich die lösungsorientierte Teamentwicklung gut aufnehmen läßt.

Vom Einzelkämpfer zum Team – Das Ganze ist mehr als die Summe seiner Teile

Nicht selten haben es lösungsorientierte Teamentwickler mit skeptischen Gruppenmitgliedern zu tun, die Gelingen und Wesen der Teamarbeit zum Teil grundsätzlich bezweifeln. Für diesen Fall eignet sich insbesondere die erste Übung, die es Teammitgliedern mittels Erlebnislernen direkt ermöglicht, die offensichtlichen Vorzüge der Teamarbeit unmittelbar am eigenen Leibe zu erfahren.

Wir empfehlen, diese Übung durchzuführen, *bevor* man sich zu einem Vortrag über die Vorteile der Gruppenarbeit hinreißen läßt, der zumeist nur wenig bewirkt und vorhandene Einstellungen unberührt läßt. Wenn also der Eindruck entstanden ist, es mit Skeptikern zu tun zu haben, bietet es sich an, das Team folgende Übung durchführen zu lassen.

Jedes Teammitglied bekommt einen Stift und ein Blatt Papier. Bitten Sie alle, ihr Blatt Papier durch einen senkrechten Strich von oben nach unten in zwei Hälften zu teilen und als Überschrift beispielsweise »Plastikbecher«, »Cola-Dose« oder »Blumentopf« zu schreiben.

Nun haben alle Teilnehmer exakt drei Minuten Zeit, in die linke Spalte alle Einsatzmöglichkeiten für »Plastikbecher« zu notieren, die ihnen in den Sinn kommen. Erläutern Sie die Übung bitte so, daß es zunächst nur auf die Menge der Ideen ankommt – je mehr, desto besser – wie bei einem Brainstorming. Qualität oder Umsetzbarkeit der Vorschläge spielen bei dieser Übung noch keine Rolle. Ziel ist also die größtmögliche Anzahl an Ideen.

Nach genau drei Minuten stoppen Sie die Übung und geben folgende Anweisung:

»Stop! Ihre Zeit ist um. Bitte zählen Sie jetzt ihre Einfälle und notieren Sie das Ergebnis unter der linken Spalte.«

Warten Sie, bis alle damit fertig sind. Dann fahren Sie fort:

»Nun beginnt die zweite Hälfte der Übung. Bitte suchen Sie sich jeder zwei Partner und warten Sie dann schweigend, bis alle ein Dreierteam gebildet haben.«

Behalten Sie die Übersicht, und achten Sie darauf, daß alle Mitglieder eines Dreierteams sind, bevor Sie mit folgender Anweisung fortfahren:

»Sie haben nun wieder genau drei Minuten Zeit, um im Team kreativ neue Einsatzmöglichkeiten für Plastikbecher zu finden. Jeweils eine Person aus jedem Team listet dabei schriftlich Ihre Teamideen in der noch freien rechten Spalte auf. Sie dürfen natürlich auch die Ideen einbringen, die Sie bereits allein entworfen hatten. Also gut, die Zeit läuft!«

Bereits nach zwei Minuten und dreißig Sekunden sagen Sie: »Stop! Die Zeit ist um.

Bitte addieren Sie nun alle Einfälle der rechten Spalte, die Sie im Team entwickelten, einschließlich der bereits eingebrachten.«

Wenn schließlich alle so weit sind, stellen Sie nacheinander folgende Fragen, die Sie am besten per Handzeichen beantworten lassen:

- Welches Team hatte in der Summe mehr Ideen als das produktivste ihrer Mitglieder?
- In welchem Team ist eine neue Idee aufgetaucht, die vorher keiner allein hatte?
- Ist irgendjemandem aufgefallen, daß die zur Verfügung stehende Zeit für die Arbeit im Team kürzer war als für die erste Übung?
- Wer von Ihnen ist der Meinung, daß die Arbeit im Team mehr Spaß gemacht hat?

Erklären Sie den Teammitgliedern abschließend, daß das, was sie gerade in der Übung erfahren haben, als Synergieeffekt bekannt ist. Synergie bedeutet hierbei: mehr Leistung, bessere Ideen in kürzerer Zeit und mehr Spaß bei der Erfüllung derselben Aufgabe.

Bringen Sie die Erfahrung etwa durch die Formel: 2 + 2 = 5 und mehr auf den Punkt. Jetzt, nachdem Sie diese Übung durchgeführt haben, können Sie davon ausgehen, daß die Gruppenmitglieder auch etwas mit dieser Definition von Teamarbeit anfangen können.

Schließlich haben sie unmittelbar zuvor die persönliche Erfahrung gemacht, wie mehr, schneller und bessere Ideen mit zudem noch größerem Spaß an der Arbeit von ihnen selbst produziert werden können.

Die zwei Farben-Technik

Alle Teammitglieder bekommen zunächst sechs farbige Karten ausgehändigt, drei blaue und drei rote.

Gemäß den Maximen: »Repariere nicht, was nicht kaputt ist«, und: »Wenn etwas nicht klappt, mache etwas anderes« eignet sich folgende Aufgabenstellung gut zur Eröffnung, wenn mit der lösungsorientierten Teamarbeit begonnen werden soll:

- Schreiben Sie bitte auf die blauen Karten drei Dinge auf, die sich Ihrer Meinung nach nie in Ihrer Abteilung ändern sollten.
- Auf die roten Karten schreiben Sie bitte drei Dinge, die Sie gern verändert sähen.
- Bitte bringen Sie dabei die Punkte gemäß ihrer Wichtigkeit in eine für Sie gültige Rangordnung.

Auf diese Weise wird dreierlei erreicht:

Erstens kann man sehr schnell und treffend feststellen was gut läuft und woran nicht weiter zu rütteln ist;

zweitens werden so gezielt die Bereiche herausgearbeitet, in denen ein Mehr-desselben von nun an tabu ist und die echter Alternativen bedürfen; und drittens ist mit der Beantwortung der ersten Aufgabe bereits ein lösungsorientierter Pool geschaffen, der eingehend und genau daraufhin untersucht werden kann, inwieweit die Erfolge aus diesem Bereich für Lösungsoptionen in den zu verändernden Bereichen dienlich sein können (Transfertechnik).

Diese Übung läßt sich auch sehr gut für die Bewertung von Bewältigungsstrategien einsetzen: Was haben wir bereits erfolglos probiert, und was hat sich wann schon einmal bewährt?

Die Teamleiter-Vision

Eine zweite einfache Technik zur Einleitung der lösungsorientierten Teamarbeit ist die folgende Fragestellung, die den Vorteil bietet, sowohl die Selbstverständlichkeit von Beteiligung in der Teamarbeit als auch die maßgebliche Bedeutung subjektiver Theorien zu berücksichtigen.

Die offene Frage: »Wenn ich Leiter dieses Teams wäre, würde ich …« sollte nach Möglichkeit von jedem Teammitglied zunächst einzeln, anonym und schriftlich beantwortet werden, bevor die Ergebnisse im Plenum diskutiert und weiterentwickelt werden können.

Durch die Mehrzahl von Antworten werden sich voraussichtlich verschiedene Bereiche herauskristallisieren, die entweder – und darauf kommt es an – problematisch sind und einiger Veränderungen bedürfen oder aber gut laufen und somit auch als Ideenpool für Lösungsmöglichkeiten dienen können. Wenn dann der Frage nachgegangen wird, inwieweit die Eigenheiten der gelingenden Prozesse auch auf die bislang schwierigen Bereiche übertragen werden können, ist der Teamentwickler nicht länger den Problemen verhaftet, sondern bereits mit Lösungsoptionen beschäftigt. Einige wichtige Follow-up-Fragen sind in diesem Zusammenhang beispielsweise:
– *Wie* wäre das hilfreich, wenn Sie …?
– Was *davon* könnten Sie jetzt bereits schon (ein wenig) tun?
– Was könnten Sie jetzt schon *dafür* tun?

Im Anschluß an eine der drei Übungen zum Einstieg in die lösungsorientiert gestaltete Teamarbeit bietet sich prinzipiell eine modifizierte *Ziel- und Zukunftsfrage* an, die beispielsweise so formuliert werden kann:

- Angenommen, die Dinge, die Sie gerne verändert sehen würden, hätten sich bereits optimal entwickelt. Wie sähen sie dann aus?
- Wie würden sie dann ablaufen? Was wäre dann anders?
- Durch welche Alternativen wären sie dann ersetzt worden?

Und schon befindet sich das Team mitten in der lösungsorientierten Entwicklungsphase. Die Aufgabe des Teamleiters besteht im folgenden darin, möglichst detailliert zu erfragen, wie die Schritte zur Annäherung an die konkreten Lösungsoptionen im einzelnen vom Team verwirklicht werden können:

- Wie werden Sie das genau machen?
- Wie können Sie das im einzelnen schaffen?
- Wie werden Sie das schließlich erreichen?

Sicherlich sollen auch die Dinge, die verändert werden sollen, noch genauer untersucht werden. Dabei ist ganz besonders darauf zu achten, daß es nicht versehentlich einen Rückfall in eine unproduktive Problemanalyse gibt und der Teamleiter dort steckenbleibt oder versandet.

Auch wenn die problematischen Bereiche beleuchtet werden, sollten die Ausnahmen und Lösungsansätze im Fokus des Interesses liegen. Aus Berichten von positiven Ausnahmen in ansonsten üblicherweise mit Schwierigkeiten behafteten Vorgängen kann das Team dann lösungsorientiert neue Optionen ableiten.

Dazu kann der Teamleiter gezielt nach *Ausnahmen* fragen und danach, wann die erwünschten Veränderungen und Fortschritte in der Vergangenheit bereits schon ein wenig verwirklicht worden sind.

Fragen nach Ausnahmen:

- Gab es Ausnahmezeiten, in den von Ihnen als problematisch deklarierten Bereichen, während derer es besser lief?
- Was war dann anders? Was haben Sie anders gemacht?

– Wie erklären Sie sich das?
– Wann war es weniger schlimm?
– Gab es Ausnahmezeiten, während derer die von Ihnen angestrebten Veränderungen bereits teilweise umgesetzt wurden?
– Welche Möglichkeiten sehen Sie, an diese Ausnahmen anzuknüpfen?

Fragen nach Bewältigungsstrategien:
– Wie sind Sie bisher mit all den Schwierigkeiten fertig geworden?
– Wie haben Sie Ähnliches in der Vergangenheit bewältigen können?

Prinzipiell kann in diesem Stadium der lösungsorientierten Teamentwicklung auf den gesamten Fragenkatalog zurückgegriffen werden, den wir im Kapitel zum Einzelcoaching dargestellt haben.

Während der Teamarbeit ist jedoch besonders darauf zu achten, daß die ganze Bandbreite der Antworten eines Teams durch regelmäßige Kartenabfragen auch hinreichend dokumentiert werden. So verknüpfen Sie die Vorteile der Moderationstechnik mit dem Prinzip der Lösungsorientierung.

Organisationsentwicklung nach dem LOT-Prinzip

Lösungsorientierung in komplexen Organisationen

Die Anwendung des LOT-Prinzips auf Einzelpersonen oder kleine Teams ist deshalb relativ einfach, weil man hier direkt die am Prozeß Beteiligten einbinden und die Veränderungsrichtung beobachten kann. Bei der Entwicklung ganzer Organisationen ist dies mit größerem Aufwand verbunden, wenn auch die Prinzipien ähnlich sind. Wir gehen hierbei davon aus, daß sich das LOT-Prinzip auf alle Systeme anwenden läßt, sowohl auf die kleinste organisatorische Einheit, eine Stelle, als auch auf Subsysteme (Teams, Abteilungen, Hauptabteilungen), sowie auf die gesamte Organisation.

Was ist Organisationsentwicklung?

Alle Systeme und somit auch Organisationen verändern sich ständig. In der Regel sind diese Veränderungen ungeplant und werden häufig auch gar nicht bemerkt.

Organisationsentwicklung ist die geplante Veränderung einer Organisation oder wesentlicher Subsysteme (Teams, Abteilungen, Hauptabteilungen) mit dem Ziel der Verbesserung von Arbeitsabläufen. Dabei geht es immer um einen umfassenden Wandel mit dem Schwerpunkt auf Gruppenprozesse und weniger auf Individuen. Es wird eine mittel- und langfristige Änderung in der Regel mit Hilfe eines externen Beraters angestrebt.

Diesen Prozeß verstehen wir als eine Änderung des herrschenden Paradigmas der Organisation, der mit einer neuen Vision beginnt und (sinn- und) zweckorientiert den Beginn einer neuen Zukunft einläutet.

Die Auslöser von Organisationsentwicklung

Es gibt im wesentlichen zwei Auslöser von Organisationsentwicklung, einen guten und einen schlechten. Im guten Fall, dem der Krisenvermeidung, erkennen visionäre Unternehmer, daß aufgrund von wahrscheinlichen Umfeldentwicklungen die Organisation des Unternehmens nicht mehr angemessen agieren kann. Hier hat man genügend Zeit für Verbesserungen, die notwendig sind, da grundlegende Veränderungen nahezu immer einen Zeitraum von einigen Jahren in Anspruch nehmen.

Im schlechten und leider dem häufigeren Fall ist der Anlaß von Organisationsentwicklung eine Krise des Unternehmens. Häufig droht dem Betrieb Zahlungsunfähigkeit oder Überschuldung, bevor ein Schritt in Richtung Umstrukturierung getan wird. Dadurch entsteht ein hoher zeitlicher Druck, der für eine angemessen Veränderung nicht genügend Spielraum läßt. Deshalb enden solche »Sanierungen« häufig mit der Entlassung eines Teils der Mitarbeiter, da diese »schnelle« Maßnahme zunächst kurzfristigen Erfolg verspricht, meist aber langfristig nicht hält.

Besser ist es, anhand von Frühindikatoren rechtzeitig Maßnahmen einzuleiten. Man arbeitet hier mit der sogenannten Szenariotechnik. Hierbei werden Beziehungsnetzwerke und deren voraussichtliche Entwicklungen prognostiziert.

Somit können *externe Frühindikatoren* wie
- ökonomische Modelle, Konjunkturindikatoren,
- Expertenbefragung, Marktforschung,
- technologische Indikatoren (wie z. B. Patente),

– Bevölkerungsentwicklung,
– Einstellungen, Werthaltungen oder
– politische Indikatoren,
– Kundenbefragungen

oder *interne Frühindikatoren* wie
– finanzwirtschafliche Kennzahlen (Rentabilität, Bestellmengen, Kostenentwicklung),
– Ausschußraten, Qualitätskennziffern,
– Reklamationsraten,
– Zufriedenheit der Mitarbeiter, Fluktuation, Fehlzeiten analysiert, beachtet und bewertet werden.

Strategische Workshops zu diesen Themen sollten auf der Führungsebene regelmäßig, etwa jährlich, stattfinden, um das Frühwarnsystem kontinuierlich zu warten. Ein Ergebnis nicht ausreichend vorhandener Frühwarnindikatoren könnte zum Beispiel eine gezielte Maßnahme der Organisationsentwicklung notwendig machen.

Ziele einer Organisationsentwicklung

Das Hauptziel einer Organisationsentwicklung ist das Erreichen und Aufrechterhalten einer gesunden Unternehmenskultur. Sie stellt die Basis dar für alle daraus resultierenden Felder bis hin zu den betriebswirtschaftlichen Kennzahlen. Eine gesunde Unternehmenskultur besteht aus:
– einem offenen, problemlösenden Klima innerhalb der Organisation,
– klarer Definition von Aufgaben, Befugnissen und Verantwortlichkeiten,
– gutem Informationsaustausch,
– Vertrauen unter Mitarbeitern und Gruppen,
– bekannten Arbeitszielen auf allen Ebenen,
– einem Belohnungssystem, das sowohl die Leistung der Organisation hinsichtlich ihrer Ziele als auch ihrer Entwicklung berücksichtigt,

– einem hohen Gefühl für »Eigentumsrechte« innerhalb der Organisation,
– einer hohen Selbstkontrolle und Selbstlenkung der Personen.

Beispiel:
Bei dem Erstkontakt mit einem mittelständischen Unternehmen, das 200 Mitarbeiter beschäftigt, hatten wir einen Termin in der Personalabteilung. Als wir die Tür zu diesem Büro öffneten, befand sich dahinter ein Klapptisch, an dem normalerweise die Mitarbeiter »abgefertigt« wurden und der zunächst einmal hochgeklappt werden mußte, damit wir überhaupt den Raum betreten konnten.

Dieser Klapptisch war ein Symbol für die bestehende Unternehmenskultur, die sich an vielen anderen Punkten des Betriebes immer wieder bestätigte: Es herrschte ein Angstklima vor, mit schlechtem Informationsaustausch, wenig Vertrauen und beinahe völlig fehlendem Wir-Gefühl innerhalb der Organisation.

Verfahren und Methoden in der Organisationsentwicklung

Hier werden verschiedene Ansätze unterschieden. Beim »Von-oben-nach-unten-Ansatz« (top-down) werden Änderungen von der Unternehmensleitung beschlossen und nach unten zur Umsetzung weitergegeben. Der »Von-unten-nach-oben-Ansatz« ist ein eher theoretisches Modell, bei dem die Mitarbeiter wesentliche Veränderungsstrategien entwickeln und nach oben weitergeben, wo sie dann ungehört verhallen. Der Weg »Von-der-Mitte-in-beide-Richtungen« wird häufiger gegangen. Durch Auftrag eines mittleren Managers wird versucht, Änderungen nach oben und unten durchzusetzen.

Nach unseren Erfahrungen weisen all diese Ansätze erhebliche Probleme auf, so daß sie nicht empfehlenswert sind. Der für uns richtige Weg in der Praxis ist das *Gegenstromprinzip*, auf das wir näher eingehen möchten.

Zunächst braucht ein nachhaltiger Organisationsentwicklungsprozeß immer einen »Promoter«, einen Unternehmensführer oder ein Mitglied des Top-Managements, das die Veränderung initiiert, sich voll hinter diese Neuerung stellt und bei Stocken des Prozesses Hindernisse aus dem Weg räumt. Dies geschieht durch die Präsenz des Promoters bei einer Startveranstaltung (Kick-Off) und durch gelegentliche Anwesenheit bei den einzelnen Prozeßschritten.

Als nächstes muß die erste Führungsebene in der Startphase eingebunden werden. Diese Einbeziehung sollte in Form von internen Diskussionen stattfinden und mit Hilfe eines oder mehrerer Workshops, bei denen die grobe Richtung vorgegeben wird. Hiermit ist die Vorgehensweise »von oben nach unten« definiert. Dabei werden nur grobe Vorgaben festgelegt. Mit diesen Anregungen werden nun alle Mitarbeiter innerhalb der Workshops gebeten, ihren Teil zur Umsetzung einer Veränderung beizutragen.

Das Gegenstromprinzip bedeutet, daß, wie auch beim Bau eines Hauses, zunächst einmal der grobe Rohbau fertiggestellt wird, die Ausgestaltung der Räume aber den Mitarbeitern überlassen wird.

Das LOT-Prinzip läßt sich in diesem Zusammenhang folgendermaßen einsetzen: Wie bei Individuen gehen wir davon aus, daß auch Organisationen das Potential zur positiven Entwicklung in sich tragen. Es gibt immer positive Aspekte der bestehenden Organisation, die es zu stärken und auszubauen gilt. Wenn es zum Beispiel schlecht läuft, sind die richtigen Fragen:

- Warum läuft es nicht sehr schlecht/noch schlechter?
- Was wird richtig gemacht und kann verstärkt werden?
- Wann und wie ist es in der Vergangenheit besser gelaufen?
- Irgend etwas müssen wir dort richtig gemacht haben. Was war dies?

Die Konzentration in diesem Zusammenhang soll also auf eine positive, gemeinsame Vision erfolgen, die dann von allen angestrebt wird. Dabei soll in den Gruppenworkshops auf allen Ebenen die für das LOT-Prinzip typische positive Grundstimmung erzeugt und auf das ganze Unternehmen ausgedehnt werden. Gelingt dies durch konsequent lösungsorientiertes Vorgehen, so kann damit eine neue Startmarke etabliert werden, die es allen Mitarbeitern erleichtert, die Arbeit nach dem LOT-Prinzip als echte Chance zur Neugestaltung und Aktualisierung der Betriebswelt zu begreifen und auch zu nutzen. Im Nebenlauf können dabei alte Querelen schnell versanden und einem tatsächlichen Neubeginn mit ausgeprägtem Gestaltungswillen der Mitarbeiterschaft Platz machen.

Im Idealfall wird dann über Lösungsoptionen für aktuelle oder chronische Reibungsverluste und über die Realisierungsmöglichkeiten zukünftiger Projekte gesprochen, anstatt endlos Probleme breitzutreten oder nutzlos nach Schuldigen zu suchen. Letztendlich stellt die konsequente Kurskorrektur der lösungsorientierten Arbeit ein Analogon zum Ideal einer kontinuierlichen Organisationsentwicklung dar, die sich ebenfalls als beständige Anpassungsleistung an sich verändernde Rahmenbedingungen versteht.

Die Evolution von Organisation

Die Gestaltung einer überlebensfähigen Unternehmenskultur ist das primäre Ziel jeder Organisationsentwicklung. Aus der Biologie kennen wir die spontanen, zufällig entstehenden Mutationen, die sich als besonders fit für die aktuelle Welt erweisen und somit ein dauerhaftes Überleben in ihr gewährleisten.

In der Arbeit mit Organisationen hingegen interessiert uns besonders das Etablieren der *neuen Denkweisen*, die uns in der konkreten Gestaltung von Lösungen weiterhelfen können und somit ein Fortkommen ermöglichen. Wir stellen uns eine Organisation nicht etwa als ein Gebäude vor, sondern betonen die Tatsache, daß auch Organisationen aus Menschen bestehen – denkenden Menschen.

Der lösungsorientierte Ansatz ist vor allem eine bestimmte Art zu denken. Er befähigt, die Verhaftung in problematische Realitätskonstruktionen aufzulösen und den Blick auf erstrebenswerte Ziele zu richten.

Da Menschen nicht zwei Dinge gleichzeitig denken können, kann es nur von Vorteil sein, bewußt an Lösungsoptionen zu arbeiten, anstatt sich in Problemanalysen zu verstricken und somit schließlich auch die möglichen Lösungswege zu erkennen. Dabei hilft die präzise und detaillierte Beantwortung folgender zentraler Fragen:

- Was genau ist anders, wenn diese Organisation sich optimal in unserem Sinne entwickelt hat?
- Wie genau werden wir das im einzelnen dann geschafft haben?
- Was wird unser erster Schritt dahin gewesen sein?
- Wer kann (will und wird, wann) was dafür tun?

Es dürfte klar sein, daß möglichst alle Beteiligten dabei zu Wort kommen sollten, um den Pool von Ideen zur Gestaltung und Umsetzung von sinnvollen Lösungen auch ausschöpfen zu können. Probleme wird es vermutlich immer wieder geben, aber: Probleme sind kein Problem! – Problemfokussiert zu denken ist meist das Hauptproblem.

Ein Modell der lösungsorientierten Begleitung von Organisationen in ihrer Evolution

Einfachheit und Nachvollziehbarkeit waren die Grundgedanken, die bei der Entwicklung dieses Modells Regie geführt haben. Es geht uns weniger darum, ein Modell mit vielen kompliziert verschachtelten Phasen zu schaffen, sondern , einen Leitfaden zu erstellen, der mit geringem Aufwand in die Praxis umgesetzt werden kann.

Komplexität als Form der Welt: Sprechen wir von Komplexität, so unterscheiden wir zwei grundsätzliche Sichtweisen. Die eine, klassisch betriebswirtschaftlich, beschreibt Komplexität als Problem.

Zur Lösung dieses Problems muß die Komplexität beherrscht und reduziert werden, denn Komplexität nimmt leicht überhand und macht die Dinge unübersichtlich. So entstanden verschiedene Ansätze im Bereich der Organisationsentwicklung und Führung, die dieses Problem zu lösen versuchen: Methoden und Prinzipien wie Lean Management, Business Reengineering, Business Process Reengineering und Management by Objectives oder auch technologische Veränderungen, die versuchen Komplexität beherrschbar zu machen.

Die andere Sichtweise ist eine überraschende und ungewöhnliche. Sie beschreibt Komplexität nicht als unbeabsichtigten Nebeneffekt einer üblicherweise geordneten oder in Ordnung zu bringenden Welt, sondern als Form und Geschehen der Welt selbst. Damit liegt Komplexität in der Natur der Dinge.

Einer hohen Umweltvarietät muß ein hohes Maß an Systemvarietät entgegenkommen, damit das System überhaupt überleben kann. Die Begleitung von Organisationen in ihrer Evolution bedeutet also, eine Hilfestellung bei der Einübung und Umsetzung neuer Denkweisen zu leisten. Diese »Mutationen« verschaffen einer Organisation einen gewissen Vorsprung ebenso wie eine vielfach gesteigerte Flexibilität und Reaktionsfähigkeit auf unterschiedlichste Anforderungen. Darum macht es für uns Sinn, Evolutionsspielregeln vorzustellen.

Evolutionsspielregeln

Evolutionsspielregeln dienen in unserer Arbeit als Hilfe zur Realisierung verschiedener Aspekte einer zukunftsfähigen Entwicklung.

- *Visionen* geben Orientierung und Anreize, schaffen Entwicklungsfähigkeit. Es werden Zukunftsszenarien entwikkelt.
- *Rahmen und Wertesystem (Unternehmensleitlinien)* setzen angemessene Grenzen für die Realisierung der Visionen, lassen Identität ausbilden und verleihen konkrete Orientierung.
- *Kooperation* hilft bei der Suche nach Erfolg für alle Akteure (Win-Win-Solutions).
- *Selbstorganisation* (systemische Handlungsspielräume) bedeutet: vertrauensvoller Entwicklungskontext, Chancen

geben, Fehler geschehen lassen, Zuhören lernen, Dynamiken nutzen.
- *Kommunikation* bedeutet unter anderem: Konflikte leben, einfühlsame Gesprächsführung, Toleranz leben.
- *Vielfalt* heißt: keine Monokultur und Assimilierung, unterschiedliche Persönlichkeiten entfalten, Nonkonformismus und plurale Entwicklungen fördern.
- *Reduktion* heißt: Fokussierung, Konzentration und Aktion, Foren schaffen, sparsam agieren, entschleunigen.
- *Reversibles und iteratives Vorgehen* im Sinne von treffen revidierbarer Entscheidungen, Politik der kleinen Schritte, Risikomanagement, Entscheidungshilfen geben.
- *Heterarchie und Dezentralisation* meint fluktuierende Hierarchien unterstützen, Mitbeteiligen, Kernkompetenzorientierung, kleine Einheiten.
- *Partizipation und Lernen* heißt an Entscheidungen beteiligen, Beteiligung ermöglichen; lernen und ent-lernen lassen, Lernumgebungen schaffen, Informations- und Kommunikations-Technologie bereitstellen.

Was ist eine Organisation? Der Begriff »Organisation« ist vielschichtig. Einerseits *unterhält* ein System eine Organisation, damit bezeichnen wir den funktional-prozessualen Aspekt der bestehenden Ordnung (Aufbau- und Ablauforganisation) innerhalb eines Systems. Andererseits *ist* ein System eine Organisation. Das heißt, daß in diesem System eine erkennbare Ordnung vorherrscht und daß es eine Differenz zwischen innen und außen gibt.

Was macht eine Organisation? Letztendlich bezeichnet der Begriff auch den Vorgang des Organisierens selbst, also die Metafunktion, das Schaffen und Verändern einer Organisation, um sie überlebensfähig zu halten und erfolgreich in die Zukunft zu führen. Doch wer gestaltet diesen Vorgang des Organisierens im einzelnen und wie kann dieser Prozeß verbessert werden? Die für uns entscheidende Frage in diesem Zusammenhang lautet: Was *tun* die Menschen in einer Organisation, oder noch besser: Wie *denken* die Menschen im Kontext ihrer Organisation, um anstehende Probleme zu lösen?

Entwicklung: Der Begriff »Entwicklung« läßt sich bis ins alte Ägypten zurückverfolgen, dort taucht er im Zusammenhang mit Papyrusrollen auf, die vor dem Lesen entrollt oder entwickelt werden mußten. Wir können außerdem zwischen Entwicklung und Wachstum unterscheiden. Wachstum hat eine vor allem quantitative Ausprägung, während Entwicklung zusätzlich eine *qualitative Dimension* beinhaltet.

Das lösungsorientierte Beratungskonzept fokussiert genau diese Art der Entwicklung, wobei uns der Begriff »Gestaltung« noch passender erscheint, weil er die Notwendigkeit bestimmter *Denkprozesse* und *Tätigkeiten* nahelegt, während die Vorstellung einer klassischen Entwicklung das Ausrollen von bereits Vorherbestimmtem oder Feststehendem suggeriert.

Häufig beginnen Bücher zum Thema »Organisation« mit der Überschrift »Dimensionalität des Phänomens/Organisation« oder ähnlich. Dabei unterstützen Begriffe wie Zeitorganisation oder ähnliche ein Schubladendenken und täuschen letztlich über den wesentlichen Aspekt hinweg, denn: Organisationen *sind* soziale Systeme, und die Elemente sozialer Systeme sind *Menschen*!

Wenn wir im weiteren vom sozialen System Organisation sprechen, so bedienen wir uns der Definition von König und Volmer (1997). Demnach dimensioniert sich ein soziales System in:
- Menschen als Systemelemente,
- deren subjektive Deutungen und subjektive Theorien über Lösungen,
- deren gemeinsame Deutungen (Organisationskultur),
- Bedeutungs- und Handlungsregeln (Aufbau- und Ablauforganisation),
- die Interaktionsmuster also immer wiederkehrende Verhaltensweisen und
- die Mitwelt des sozialen Systems (Technologie, Ökonomie, etc.).

Die deutsche Gesellschaft für Organisationsentwicklung (GOE) liefert die klassische Definition. Demnach ist »Organisationsentwicklung ein langfristig angelegter, organisationsumfassender Entwicklungs- und Veränderungsprozeß von Organisationen und der in ihr tätigen Menschen. Der Prozeß beruht auf Lernen aller Beteiligten durch direkte Mitwirkung und praktische Erfahrung. Sein Ziel besteht in einer gleichzeitigen Verbesserung der Leistungsfähigkeit der Organisation (Effektivität) und der Qualität des Arbeitslebens (Humanität).«

Unter Würdigung der oben genannten Annahmen kommen wir zu der Erkenntnis, daß das, was wir machen, nicht etwa Organisationsentwicklung in traditionellem Sinne ist, sondern eher die Begleitung der Entwicklung einer Organisation.

Im Laufe der Anwendung dieser Begleitung wurde mehr und mehr deutlich, daß weder der personale Ansatz noch der strukturale Ansatz in ihrer Reinform eine echte Verbesserung der Organisationsentwicklung ermöglichten:

- eine Veränderung von Organisationsstrukturen bleibt wirkungslos, wenn sich nicht gleichzeitig auch die Menschen in der Organisation verändern;
- ebenso wird eine Veränderung von Menschen behindert, wenn die Strukturen der Organisation dies nicht begünstigen und fördern.

Dies begründet gleichzeitig die Forderung nach einer systemtheoretischen Fundierung der Organisationsentwicklung. Schließlich wurde der klassische Ansatz durch den Einfluß der neueren Systemtheorie maßgeblich ergänzt und beeinflußt. Neben den klassischen Zielen werden im folgenden gleichrangig die systemischen Organisationsentwicklungs-Ziele genannt:

(a) *Selbststeuerung und Selbsterneuerung*:

- Mitarbeiter gestalten die gegenwärtige und zukünftige Realität der Organisation selbständig;
- Beteiligung aller Mitarbeiter am Organisationsentwicklungs-Prozeß;

– Entwicklung der Fähigkeit für Selbstentwurf und Selbstgestaltung bei allen Beteiligten.

(b) *Förderung der Selbstorganisation und die Entwicklung von günstigen Rahmenbedingungen und Haltungen, die förderlich sind*:
– Motivation (»wollen«);
– Kompetenz (»dürfen«);
– Fähigkeit (»können«).

(c) *Authentizität*:
– Antworten auf unvermeidbare, wichtige Zielkonflikte finden;
– Differenzieren *vor* Integrieren.

Der lösungsorientierte Ansatz in der Organisationsentwicklung

Lösungen können über eine behutsame Regulation, über die Gestaltung geeigneter Rahmenbedingungen und mit Hilfe von Leitlinien und Spielregeln erreicht werden. Die Entwicklung dieser Voraussetzungen erfolgt in einem partizipativen, selbstorganisatorischen Prozeß. Zentrale Vokabeln sind Beteiligung, Hierarchie- und Statusunabhängigkeit, Vielfalt und Dezentralität, Kooperation und Verständigung. Ressourcenorientierte Fragen nach Lösungen sind:
– Was kann ein Unternehmen tun, damit strategische Erfolgspositionen (SEP) gezielt aufgebaut werden, um Wettbewerbsvorteile zu erreichen?
– Wie können dabei Kernkompetenzen identifiziert und gefördert werden?

Nicht nur gute Produkte, sondern vor allem die Beziehungen zum Umfeld und die kommunikative Vernetzung mit Marktpartnern muß hier gestärkt werden.

Große Hindernisse auf dem Weg zu neuen Lösungen sind

insbesondere Selbstgefälligkeit, schädliche Wahrnehmungsgewohnheiten, vermachtete und verkrustete Strukturen sowie ein Denken in Entweder-Oder-Mustern oder einer Politik des Mehr-Desselben, obwohl es nicht funktioniert.

Grundsätze für den Moderator

Hier ist die Einfachheit des Vorgehens von großer Bedeutung. Die Einfachheitsregeln lauten:

1. Denke daran, die wichtigsten lösungsorientierten Fragen zu stellen.
2. Bedeutung ist, wie das Wort vom Kunden verwendet wird (Grundhaltung der Neugier und des Nichtwissens auf seiten des Beraters).
3. Finde heraus, welche Ziele und Mittel es gibt.
4. Die Wunderfrage ist nicht alles.
5. Beachte den Kontext im Sinne der Introspektion und Selbstberatung.

Entwicklung der Beratungsziele

Wir starten in der Regel mit einem LOT-Zielfindungsworkshop.

Teilnehmer: Auftraggeber, Entscheider aller organisatorischen Ebenen, Mitarbeitervertreter, Betriebsrat.

Verfahren: LOT-Moderation, Kartenabfragen mit Häufeln in Kleingruppen, Vorstellen der Gruppenergebnisse im Plenum.

Leitfrage: Nachdem unsere Zusammenarbeit in einer für Sie zufriedenstellenden Weise beendet sein wird, so erfolgreich, daß Ihre Ziele erreicht sind und daß Sie uns als effektives Beratungsteam an Ihre Kollegen weiterempfehlen werden, *was* wird sich dann *wie* in Ihrer Organisation oder Abteilung *verändert* haben? Wie verhalten Sie sich dann, was *tun* Sie dann, was Sie jetzt noch nicht tun?

Moderationsmaterial: drei Metaplanwände, Kartenmaterial, Klebestift, Moderationsstifte.

Weitere nützliche Fragen in diesem Zusammenhang sind:
- Was brauchen Sie, um sich in erwünschter Weise verändert zu haben, nachdem unsere Beratungsarbeit für diese Problemstellung erfolgreich abgeschlossen worden ist?
- Was wird sich wie verändert haben, daß Sie dazu anregt, zu Ihren Kollegen zu sagen: »Wenn ihr ein Problem zu lösen habt, solltet ihr ein LOT-Beraterteam einladen. Die sind dazu in der Lage, euch beim Finden passender Lösungen weiterzuhelfen.«
- Woran genau werden Sie merken, daß unser Beratungsgeschäft erfolgreich abgeschlossen ist?
- Welche konkreten und meßbaren Anzeichen wird es dafür geben?
- Was noch?

Aushandeln der Beratungszielkongruenz

Ziele sind es, die intelligente Lebewesen dazu zu motivieren, jetzt Handlungen vorzunehmen, obwohl der Nutzen erst in Zukunft zu erwarten ist. Fehlen gemeinsame Ziele, so führt dies unweigerlich zur Entropie, einer Zerstreuung von Masse und Energie, im Gegensatz zur Syntropie, einer Bündelung der Kräfte.

Wann spricht man von Zielkongruenz, und wie läßt sie sich herstellen? Zielkongruenz ist intersubjektiv genau dann gegeben, wenn:
1. der Auftraggeber zufrieden ist,
2. das Beratungsziel des Unternehmens erreicht wird,
3. das Beraterteam eine Chance erhält, empfohlen zu werden.

Ein wesentlicher Prozeß des Kongruenzkonsens ist die Veröffentlichung der Ziele des Eingangsworkshops gegenüber den Mitarbeitern der Organisation.

Teilnehmer: Auftraggeber, Entscheider aller organisatorischen Ebenen, Mitarbeitervertreter, Betriebsrat.

Verfahren: Darstellen der Zielspeicher im Plenum, Klären der subjektiven Sichten der Kleingruppen, Bewerten der Cluster durch Punkte, Entwicklung einer Zielhierarchie (Beratung).

Leitfragen: Welche Ziele sind am leichtesten zu verwirklichen? Oder anders: Auf welche Ziele müßten wir verzichten, wenn der größtmögliche Schaden entstehen soll?

Moderationsmaterial: zwei Metaplanwände, Kartenmaterial, Klebestift, Moderationsstifte.

Vereinbaren der Rahmenbedingungen für die Begleitung

Sachliche Rahmenbedingungen: Zu klären ist, welchen Umfang das zu beratende System hat. Sollen Kundensysteme mit einbezogen werden?

Zeitliche Rahmenbedingungen: Hier werden Beginn und Ende des Begleitprozesses festgelegt. Die Terminierung von Meilensteinen und Abschnitten wird ebenfalls vorgenommen.

Personelle Rahmenbedingungen: Beantwortung der Fragen, wer zum Kernteam gehört und welche internen und externen Spezialisten wann und wie oft benötigt werden.

Finanzielle Rahmenbedingungen: Anzahl der Tagewerke, Ermittlung des betrieblichen Aufwands durch Freistellung von Mitarbeitern und Produktionsausfälle, Darstellung der Kosten-Nutzen-Relation, (LOT-Moderation).

Konzeptionelle Rahmenbedingungen: Akzeptanz der Anwendung von LOT-Methoden mit allen Konsequenzen.

Organisations-, Bereichs-, Abteilungs-, Team- und Mitarbeiterebene

Die Universalität und Einfachheit des Begleitungskonzepts wird an diesem Meilenstein deutlich. Je nach Bedarf kann der Prozeß auf der entsprechenden Ebene gestartet werden. So wird ein zielgerichteter Einsatz der LOT-Evolution auf allen Ebenen, von der Organisations- bis zur Mitarbeiterebene ermöglicht. Außerdem werden keine komplizierten Phasenstrukturen, sondern ein leicht nachvollziehbarer Aufbau verwendet. Die eingesetzten Werkzeuge erlauben eine einfache Handhabung und vor allen Dingen die Chance der eigenständigen Fortsetzung.

Ziele einer pluralen und zukunftsfähigen Unternehmensentwicklung

Das Finden einer angemessenen, zukunftsfähigen Form des Wirtschaftens, die Effizienz, Effektivität, Kommunikation und Visionen ganzheitlich verbindet, muß die in der Grafik dargestellten Zielgrößen berücksichtigen.

Wobei ein *ganzheitlicher Erfolg* im Sinne von »Fairneß« (Sozialverträglichkeit), »Rentabilität«, »Lebensfreude« und »Ökologie« (Umweltverträglichkeit), also der Weg zum Innenkreis, nur durch synergetische Verknüpfung der Elemente des Außenkreises beschritten werden kann.

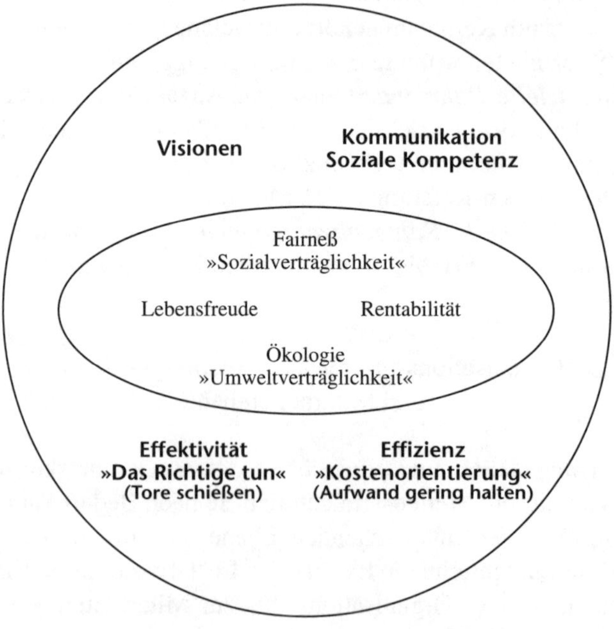

Die Motti des zukünftigen Agierens können beispielsweise die folgenden sein:
- *Selbstgestaltung und Selbstachtung*: tue dir etwas Gutes;
- *Empathie und Toleranz*: tue anderen etwas Gutes und es dir zum Besten; A geht es besser, wenn es B besser geht;
- *Wiederentdeckung der Natur und der Zukunft*: lebe im Einklang mit der Mitwelt.

Auf Dauer können wir nicht gegen andere, uns selbst, die Natur oder die Zukunft agieren, ohne Einbußen an Lebensfreude zu erleiden. Dafür können wir:
- schauen, was uns selbst gut bekommt. *Der wahre Egoist achtet auf sich*;
- im Nutzen für andere denken. *Der wahre Egoist kooperiert*;
- die natürlichen Lebensgrundlagen aufrechterhalten. *Tuchfühlung zur Natur aufnehmen.*

Entwicklung der Organisations-, Abteilungs- oder Teamintention

Definition eines erwünschten Zielzustandes mittels einer umfassenden Zielbeschreibung oder Wunderversion:

Teilnehmer: alle Entscheider und Vertreter einzelner operativer Arbeitsbereiche.

Verfahren: Workshop zur Zielkonstruktion – Entwicklung von Visionen und Zielen zunächst ohne Berücksichtigung des Vorhandenseins notwendiger Ressourcen.

Leitfragen: Über Nacht, während Sie schliefen, ist ohne daß Sie es merkten ein Wunder geschehen und hat den gewünschten Erfolg gebracht, woran merken Sie das im einzelnen? Woran merken es die Kollegen und Mitarbeiter? Woran merken es die Kunden? Woran merkt es die Konkurrenz? Was tun Sie dann, was Sie jetzt nicht tun?

Moderationsmaterial: zwei Metaplanwände, Kartenmaterial, Klebestift, Moderationsstifte.

Überlegungen zur Verwirklichung des Sustainable Developments im Rahmen einer Organisationsentwicklung: Hier geht es um die Entwicklung einer Unternehmensphilosophie als Identifikationsmöglichkeit, gewissermaßen als Rahmen und Orientierungspunkt für das Denken und Handeln aller Akteure.

Die *Unternehmensphilosophie* stiftet Orientierung über:
- Arbeitsgebiete und Betätigungsfelder (Märkte und Produkte);
- Arbeitsweisen (Menschenbild und Beziehung: Kunde – Mitarbeiter), Führungssystem, Produktionsprinzipien und liefert
- ein ethisches Wertesystem der Organisation als Sollvorstellung.

Berücksichtigung finden bei der Entwicklung Werte, Ziele und Interessen der am Management Beteiligten, der Mitarbeiter und der Transaktionspartner.

Dagegen ist die Unternehmenskultur wesentlich umfassender. Sie umfaßt alle Ressourcen (Einstellungen, Wissen, Verfahren, materielle Güter), die sich zur Lösung interner und externer Probleme als brauchbar erwiesen haben und aufgrund dessen von Generation zu Generation weitergegeben werden. Damit beinhaltet sie die soziokulturellen Gestaltungsprinzipien der Unternehmenskultur. In engem Zusammenhang mit einer Einstellungsveränderung steht die Organisationskultur.

Organisationsstruktur wird im allgemeinen verstanden als ein Vorrat an Sinnstrukturen und Handlungsmustern, aus welchen heraus Situationen, Handlungen und Entscheidungen der Organisation einer bewertenden Interpretation hinsichtlich ihrer Bedeutung für die Organisation als Ganzes, zugänglich werden. Demzufolge geht es um die Gesamtheit von erwünschten und gelebten Werten.

Übertragen wir diese Grundgedanken auf eine Organisation und ihren Entwicklungsraum, so stellen diese Überlegungen einen verbindlichen Rahmen der freiwilligen Selbstbeschränkung dar, der Leitlinien, Unternehmensphilosophie und -kultur in Form der *Corporate Identity* bündelt. Unter Corporate Identity verstehen wir hier die typischen Eigenheiten und das Selbstverständnis einer Organisation. Sie beinhaltet die Potentiale einer Organisation und die Unternehmensphilosophie als eigenen Charakter oder ethische Ausrichtung.

Corporate Identity =
Corporate Communication
+ Corporate Behaviour
+ Corporate Design

Die Corporate Identity wird also determiniert durch die Art der Austauschbeziehungen (Verhalten im Wettbewerb) und die internen Umgangsformen (Organisationsklima, Führungsstil und -verhalten) sowie die multimediale Selbstdarstellung (Erscheinungsbild).

Das Image oder Fremdbild wird wesentlich durch die Corporate Identity beeinflußt. Der Prozeß der Gestaltung im Sinne einer Selbstfindung wird begleitet durch die Aufgabe der sinnvollen Differenzierung von der Umwelt. Insofern erfordert der Prozeß einen ständig fortlaufenden Diskurs.

Identifizieren und Bewerten von Ressourcen

Unabhängig von der Gestaltung der Organisationsstruktur stellt sich die Frage, ob und inwieweit eine Vergangenheits- und eine anscheinend zum LOT-Prinzip widersprüchliche Defizitorientierung von Bedeutung sein kann. Wir favorisieren hier ein ressourcen-basiertes Konzept.

Dieses Konzept nimmt die internen Fähigkeiten (Ressourcen) einer Organisation gezielt ins Visier. Unter Ressourcen verstehen wir alle Wissensbestände (Fakten- und Verhaltenswissen), Regeln (Bedeutungs-, Verfahrens-, und Verhaltensregeln) und Werte eines Systems, die zur Steuerung von Abläufen im System und zur Abgrenzung des Systems von seiner Umwelt erforderlich sind.

Ausgangsfrage ist, inwieweit bei der Strategieentwicklung und der damit zusammenhängenden Gestaltung der Wertschöpfungskette die sogenannten Kernkompetenzen und -ressourcen eine Rolle spielen. Bei allen Aktivitäten, egal ob intern oder extern, sind diese speziellen Ressourcen von zentraler Bedeutung. Die intensive Nutzung der Kernressourcen in verschiedenen Geschäften und Kooperationen sollen dazu führen, daß ihre Hebeleffekte verbessert werden.

Tatsache ist jedoch, daß diese unternehmerischen Kernressourcen auf den individuellen Ressourcen der Organisationsmitglieder basieren. Dieses Modell verhindert Fehler bei den Ansätzen zur Gestaltung von Prozeßketten im Rahmen einer Prozeßorganisation.

Ein Unternehmen kann durchaus die Fähigkeit zur Rekonstruktion der Kundenbedürfnisse besitzen und seine Wertschöpfungskette darauf ausrichten. Dabei kann es aber auch vorkommen, daß hier sehr viel Wunschdenken einfließt und die Organisation nicht ausreichend Ressourcen zur Bewältigung der entstehenden Aufgaben einbringen kann. Für das Erreichen der Sach- und Formalziele kennen wir die Maßeinheiten Effektivität und Effizienz.

Während die *Effektivität* als externe Maßeinheit danach fragt, ob überhaupt die richtigen Ziele gesetzt wurden (Tor oder Eigentor), fokussiert die *Effizienz* als interne Maßeinheit den ökonomischen Aspekt (also mit wieviel Aufwand das Tor oder Eigentor geschossen wurde).

Um überhaupt Effizienz erzielen zu können, ist es damit unumgänglich, primär die richtigen Ziele auszuwählen. Gerade dies ist eine der großen Stärken des lösungsorientierten Kommunikationskonzepts.

Beispiel für LOT-Ressourcen-Skala:

Nr.	Ressource	Wie sehr benötige ich diese? (Skala von 1 – 10)	Wie sehr beherrsche ich diese? (Skala von 1 – 10)
1.	Qualitätssicherung	9	4
2.	Kommunikation	7	6
3.	Offensive Werbung	8	2
4.	Workflow	7	1
5.	Personal-entwicklung	7	2
6.	Produktinnovation	9	9
…	…	…	…

Nach dem Erfassen und Skalieren der zur Zielerreichung notwendigen Kompetenzen ist es notwendig ein grafische Übersicht zu schaffen. Hier bietet sich die Anordnung innerhalb des LOT-Ressourcen-Tableaus an.

Beispiel für LOT-Ressourcen-Tableau:

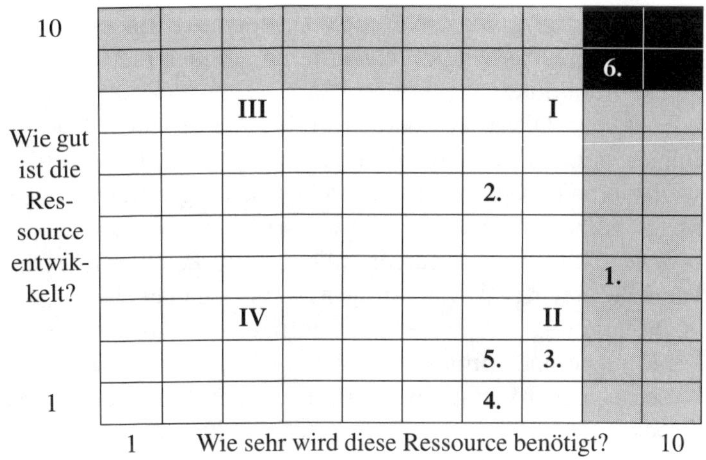

Teilnehmer: alle Entscheider und Vertreter operativer Arbeitsbereiche.

Verfahren: Kartenfrage zur Ergänzung von lösungsrelevanten Ressourcen; zweidimensionales Bewerten der Ressourcen; Plazierung der Ressource im Ressourcen-Tableau:

Leitfragen: Wie sehr wird die Ressource benötigt und wie gut ist sie entwickelt?

Moderationsmaterial: zwei Metaplanwände, Kartenmaterial, Klebestift, Moderationsstifte.

Ressourcen-Fragen: Wie würde das Gitter aussehen, wenn es erstellt worden wäre von:
- unserem Team,
- unseren Kunden (intern),
- unserer Führungsebene,
- unseren Kollegen der Nachbarabteilung?
- Was würden die sagen, machen wir gut?
- Wo würden die sagen, könnten wir uns noch verbessern?
- Was machen die anderen besser/schlechter?
- Wie sieht das Gitter von Firma xy aus?

Die Sektoren und grau unterlegten Felder des Tableaus haben differente strategische/taktische oder operative Bedeutungen. Insbesondere das Effektivitätskriterium findet hier eine adäquate Abbildung.

Sektor 1: Diese Ressourcen bilden die strategischen Erfolgspositionen der Organisationen (SEP), die ihre Wettbewerbsvorteile begründen. Sie sollten ständig reflektiert, gepflegt, verbessert und optimiert werden.

Sektor 2: Diese Ressourcen sollten entwickelt werden. Dies kann auf vielerlei Wegen erfolgen, wie beispielsweise:
- Orientierung an bestehenden Lösungen und Ausnahmen,
- Mobilisierung vorhandener, aber unsichtbarer Ressourcen,
- Lernen neuer Verfahren – Verlernen nicht mehr brauchbarer Lösungen,
- Lernen durch Import neuen Wissens (neue Mitarbeiter, Netzwerke, etc.).

Sektor 3: Kompetenzen die vorhanden sind, aber nicht zur Zielerreichung beitragen. Verfahrensweisen können hier sein:

- »Verkauf« dieser Kompetenzen und Schaffung liquider Mittel zur Unterstützung der Aktivitäten von Sektor 2,
- Synthese mit den Kompetenzen des Sektors 2,
- Revision und Erweiterung der strategischen Intention der Organisation,
- Aufbau neuer Organisationen um die Kompetenzen des 3. Sektors.

Sektor 4: Kompetenzen, die überflüssig sind, sollte keine Aufmerksamkeit mehr geschenkt werden. Aufgrund unserer beschränkten Rationalität und Verarbeitungskapazität dürfen wir diese Konsequenz ziehen. Gegebenenfalls kann hier auch Outsourcing betrieben werden. Dabei sollte das Motto im Vordergrund stehen: Nicht alles richtig machen, sondern die richtigen Dinge machen.

An dieser Stelle möchten wir jedoch darauf hinweisen, daß es sich bei dem Grid um ein dynamisches System handelt, daß eben auch einer *dynamischen Betrachtung* bedarf. So kann sich die strategische Bedeutung von Kompetenzen ändern, und damit *ändert* sich auch deren Klassifizierung im Grid.

Von hoher Bedeutung sind die Kompetenzen, die sich in den grauen Bereichen befinden.

(a) rechter senkrechter Zweig: Die entscheidenden Kompetenzen sind für die Zielerreichung so relevant, die sie die gesamte Aufmerksamkeit der Unternehmensführung beanspruchen.

(b) oberer horizontaler Zweig: Die herausragenden Kompetenzen sind momentan nicht von Bedeutung, könnten aber, da sehr gut beherrscht, einen Grundstein für Innovation und den zukünftigen Unternehmenserfolg darstellen. Kernressourcen sind die Garanten für strategische Erfolgspositionen und sind Druck- und Reizpunkte der Organisation und sollten daher im Mittelpunkt der Betrachtung stehen. Aufgrund der Ordnungsprinzipien einer Organisation sehen wir es als erforderlich an, daß die Kompetenzen den Ebenen zugeordnet werden, auf den sie tatsächlich genutzt und damit ihre Wertigkeit tat-

sächlich beurteilt werden kann. Das Ressourcen-Tableau muß also für das Unternehmen als Ganzes, für jede Abteilung, jedes Team und jedes einzelne Mitglied der Organisation entwickelt werden.

Etablieren eines Innovationsmanagements

Bei dem abgebildeten Cluster handelt es sich um das Ergebnis einer Teamarbeit mit der Aufgabe, eine mind-map zum Stichwort »Innovationsmanagement« zu erstellen. Dies ist in der Regel einer der wichtigsten Schritte auf dem Weg in eine innovative Zukunft des Unternehmens. Die Einzelaspekte und Verknüpfungen können dann mittels lösungsorientierter Fragen präzisiert werden.

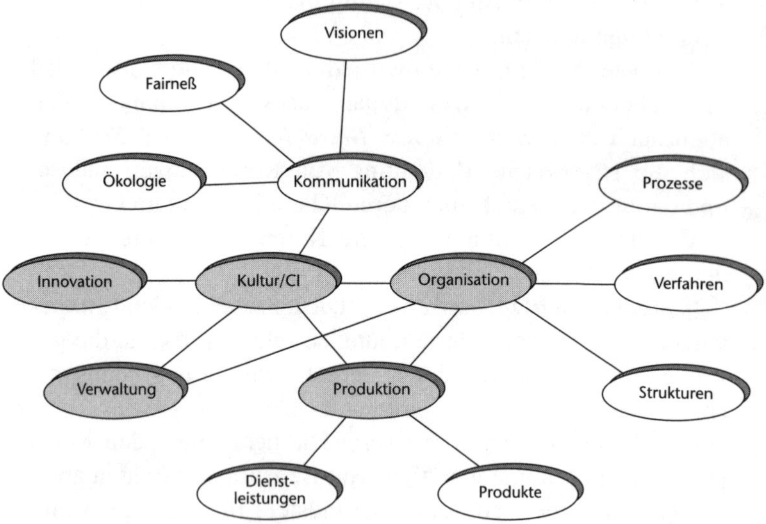

Intensivieren und Modellieren von Ressourcen

Ein methodischer Schwerpunkt lösungsorientierter Beratung liegt in den Skalierungsverfahren. Dieses machen wir uns zunutze, wenn wir den Lösungs-Begleiter anlegen.

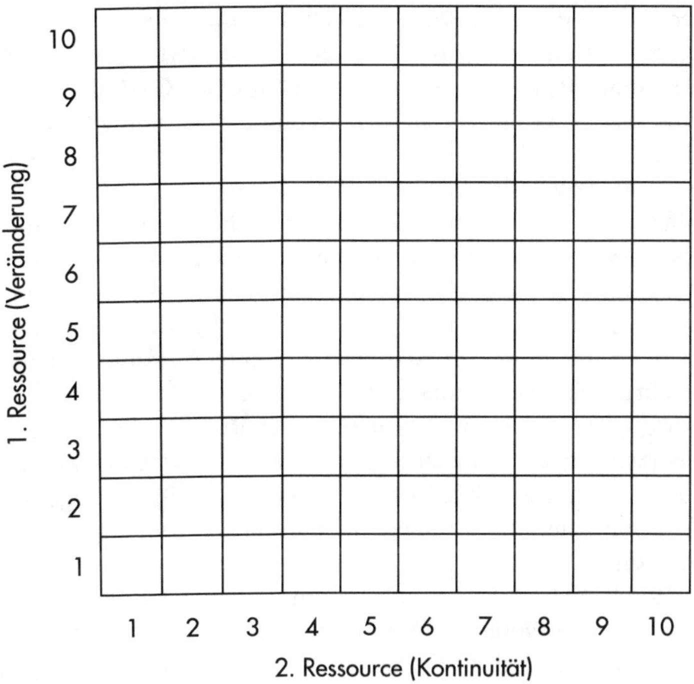

Ein Ziel unserer Beratung liegt in der Dynamisierung der Organisationsentwicklung. Dies ist jedoch nur dann zu realisieren, wenn handhabbare Feedback-Mechanismen bereitgestellt werden können.

Der Einsatz des Lösungs-Begleiters erfordert nach seiner Einführung keine Bereitstellung weiterer personeller Ressourcen und ist als visuelles Werkzeug hochgradig intuitiv zu nutzen. Der Kunde (Organisation, Abteilung, Team, Organisationsmitglied) trägt seinen geplanten Fortschritt für ein bestimmtes Zeitintervall auf einer Skala von 1 bis 10 ausgehend von der ursprünglichen Einstufung ein.

Am Ende des Intervalls wird dann der tatsächlich erzielte Fortschritt eingetragen. Dies wiederum fördert die Reflexionsfähigkeit und den Diskurs. Das Grid ermöglicht die visuelle Darstellung der für die nächsten Zeitintervalle gesetzten Prioritäten. Der Kunde wählt zwei Kompetenzen aus dem Sektor 2 aus. Eine, die bereits gut entwickelt ist, und eine weitere, die verändert werden soll. Diese simultane Betrachtung verhindert eine Defizitorientierung. Fokussiert man die Entwicklung einer Ressource kommt schnell das Gefühl auf, daß eine andere eventuell zu kurz kommt. Unternehmen neigen dazu, an zwei Fronten gleichzeitig zu kämpfen. So wird eine Kostensenkungsstrategie häufig gekoppelt mit einer Qualitätsoffensive. Diese strategische Absicht schlägt nicht selten fehl. Es kommt zu einem »stuck in the middle« genau dann, wenn man zwei Geschäftsstrategien gleichzeitig zu realisieren sucht. Um dies zu verhindern und gleichzeitig dem Gefühl der Vernachlässigung von Kompetenzen entgegenzuwirken, betrachten wir zwei Kompetenzen simultan.

Beispiel: Ein Architekt hat als Geschäftsführer eines Büros herausragende Kompetenzen im Bereich der Projektentwicklung. Gleichzeitig ist jedoch nur unzureichend in der Lage, seine Mitarbeiter, insbesondere die Führungskräfte, ausreichend zu motivieren.

Wie kann hier der Lösungsbegleiter verwendet werden? Zu Beginn eines Veränderungsintervalls wird die erwartete Verbesserung durch den Mitarbeiter, das Team oder den Manager/Unternehmer vorausgesagt. Gleichzeitig wird darüber nachgedacht, wie man dazu gekommen ist.

Am Ende des verabredeten Zeit treffen sich die Akteure wieder, tragen den tatsächlichen Fortschritt ein und diskutieren die eventuell aufgetretenen Abweichungen. Betrachtet werden sollen hier die Unterschiede vorher und nachher, die dazu geführt haben, daß etwas anders wurde. Es werden Ausnahmen gesucht.

Anschließend werden die Ausnahmen gesucht, die die Entwicklung ermöglicht haben. Um dies zu erleichtern, kann ein Lösungstafel genutzt werden. Damit wird letztendlich deutlich gemacht, welche Verhaltensänderungen zur Lösung beigetragen haben.

Was hat dazu beigetragen, daß ich meine Ziele erreicht habe? Welche Ressourcen haben geholfen?	Kompetenz 1	Kompetenz 2

Es geht um Ausnahmen und damit um die Suche nach Unterschieden, die Unterschiede machen. Was hat dazu geführt, daß die Mitarbeiter ihren Vorgesetzten respektieren?

Zirkularität: Was ist, wenn ein Mensch glaubt, daß er eine Veränderung nicht beeinflussen kann, daß er Widerfahrnissen ausgesetzt ist, so wie ein Wanderer dem Wetter. Die systemische Beratung verfügt über eine Werkzeug, daß gerade dieses Phänomen untersucht: das zirkuläre Fragen.

Wir möchten an dieser Stelle noch einmal auf die Grundsätze systemischen Arbeitens verweisen: Wenn sich die Veränderung eines Systemmitglieds auf das System als Ganzes und damit auf die anderen Systemmitglieder auswirkt, dann wird deutlich, daß die Initiierung einer Veränderung in den Händen des einzelnen liegt. Um dies deutlich und auch bewußt zu machen, können zirkuläre Fragen gestellt werden. *Nützliche Fragen* können in diesem Zusammenhang folgende sein:

- Was haben Sie im einzelnen getan, daß es so gekommen ist?
- Was genau habe ich getan, daß den anderen geholfen hat, ihr Verhalten zu ändern?

Lösungsorientiertes Fragen unter Berücksichtigung folgender Schlüssel:
- Tue mehr desselben, was funktioniert!
- Tue etwas anderes, wenn etwas nicht funktioniert!

Lösungsorientierte Fragen zum *Entdecken von Ressourcen*:
- Was hat wann und wie funktioniert?
- Wann habe ich wie anderen geholfen, ihre Aufgaben besser zu bewältigen?
- Wie habe ich mir schon einmal dabei geholfen, besser zu werden?
- Wann und wie haben andere mir schon einmal dabei geholfen, besser zu werden?

Zum Thema gehören auch:
- unbewußte Inkompetenz,
- bewußte Inkompetenz,
- unbewußte Kompetenz,
- bewußte Kompetenz.

Ausnahmen suchen:
- Was hat wer bereits getan, um besser zu werden?
- Wie habe ich mir selbst schon einmal erfolgreich dabei geholfen, meine Aufgaben noch besser bewerkstelligen zu können?

Zusatzfragen:
- Inwiefern war das für Sie hilfreich?
- Was war schon mal gut für das Team?

Zum philosophischen Hintergrund des LOT-Prinzips

»Weiser werden heißt immer mehr und mehr die Fehler kennenlernen, denen dieses Instrument, womit wir empfinden und urteilen, unterworfen sein kann. Vorsichtigkeit im Urteilen ist, was heutzutage allen und jedem zu empfehlen ist.«

(Georg Christoph Lichtenberg)

In diesem Kapitel stellen wir unseren theoretischen Hintergrund dar und skizzieren unsere philosophische Position. Im Unterschied zu den weit verbreiteten naiv-realistischen Konzepten mit eigenschaftsorientierten Ansätzen nehmen wir eine offene, sozial-konstruktivistische Perspektive ein. Damit distanzieren wir uns von den Ansätzen, die von bestimmten Persönlichkeits*typen*, *Charakteren* etc. und vor allem von *stabilen Eigenschaften* ausgehen (wie z. B. die Psychologie Eysencks). Die Quellenliste wäre nahezu endlos, da fast alle Modelle bewußt oder unbewußt von pseudostabilen Persönlichkeitstypen aus auf eine wirkliche Wirklichkeit schließen. Wohltuend anders veranschaulichen die »Arbeitspapiere« der »Bochumer Arbeitsgruppe für sozialen Konstruktivismus und Wirklichkeitsprüfung«, Bd. 1-10 (Psychologisches Institut der Ruhr-Universität, Bochum), eine zeitgemäße alternative Sicht, die wir an dieser Stelle empfehlen möchten.

Um diese Position inhaltlich näher zu erläutern, wollen wir anhand der in den Überschriften dieses Kapitels genannten Stichworte relevante Unterschiede und Besonderheiten herausstellen. Selbstverständlich sind diese Begriffe (Objektivität, Menschenbild, Ethik usw.) untrennbar miteinander verwoben und können hier nur perspektivisch aufgefächert werden. Wir verwenden sie schlicht als Anlässe, unsere Vorstellungen und unser Denken zu erklären. Leider zwingt das Niederschreiben, aus einer Gleichzeitigkeit ein Nacheinander und damit eine pseudologische Ordnung zu machen.

Woher wissen wir, was wir zu wissen glauben?

Zu Beginn halten wir einige grundlegende Bemerkungen für unerläßlich: Der gesunde Menschenverstand, der sich für gewöhnlich im naiven Realismus zu Hause fühlt, hält erkenntnistheoretische Erwägungen für eine unpraktische philosophische Spielerei, die uns nur aufhält und doch zu nichts führt.

Die konstruktivistische Philosophie hingegen mahnt uns zu bedenken, ob unser Urteil über die Welt vielleicht mehr über *uns selbst* als über die Welt aussagt.

Wir beschäftigen uns demnach skeptisch mit folgenden Fragen:

- Woher wissen wir, was wir zu wissen glauben?
- Was können wir eigentlich erkennen?
- Ist es überhaupt möglich, die Welt zu erkennen, so wie sie nun einmal ist?

Die traditionelle, naiv-realistische Logik weist diese Fragen als irrelevant und müßig zurück, da sie von der Existenz einer wirklichen Wirklichkeit aus auf deren prinzipielle Erkennbarkeit schließt, um daraufhin behäbig Platz im Karussell der Zirkelschlüsse zu nehmen.

Wir glauben also an die Existenz von Wirklichkeit, bezweifeln jedoch deren vollständige und richtige Erkennbarkeit. Wir gehen davon aus, daß unser Wissen nicht die Welt reflektiert – so wie sie ist, sondern wie wir über die Welt denken. Wahrnehmen bedeutet für uns, etwas »für wahr-nehmen«, also etwas für wahr zu halten. Für uns gibt es zunächst nur

Wirklichkeitsbehauptungen. Alles, was gesagt wird, wird von jemandem gesagt. Jede mögliche Erkenntnis bleibt also untrennbar mit der erkennenden Person verbunden. Die Realität an sich bleibt unerkennbar. Es kann ja schließlich keine Beobachtung ohne beobachtende und keine Erkenntnis ohne die erkennenden Personen geben. Die wirkliche Wirklichkeit ist also keineswegs als solche im Verhältnis 1:1 in unseren Köpfen abgebildet, sondern sie wird von uns ständig aktiv als Wirklichkeit (re-)konstruiert. Das bedeutet, daß unsere Wahrnehmungen viel mit uns als Wahrnehmende und weniger mit einer als solcher angenommenen wirklichen Wirklichkeit zu tun haben. Darum ist es auch so wichtig, zunächst einmal von uns selbst als Erkenntnisproduzenten auszugehen und von unseren Prämissen zu berichten.

Niemand braucht zu glauben, die Daten lägen in der Welt herum und sprächen gleichsam für sich – Menschen sprechen. Die sogenannten Fakten werden immer von jemandem »gefunden« (im Sinne von erfunden) und meist gezielt für die eigenen Interessen eingesetzt. Oftmals werden auch ganz bestimmte »Daten« von Auftraggebern verlangt (Gutachten). Wir denken, daß unser Wissen über die Welt im sozialen Diskurs ausgehandelt wird und zwar traditions-, kultur- und zeitbezogen. Darum interessieren wir uns für die lösungsorientierten Lebensäußerungen unserer Kunden in verschiedenen kommunalen Systemen, mit denen sie ihre subjektiven Lebenswelten beschreiben und so im Diskurs soziale Wirklichkeiten herstellen.

Die Rolle der Sprache

Traditionellerweise wird Sprache an sich nur selten thematisiert. Unsere Sprache und unser alltägliches Sprechen, innere Monologe und das ständige Rattern unserer Gedanken sind für uns so selbstverständlich wie die Schwerkraft und bleiben meist unbeachtetes Hintergrundwissen.

Der gesunde Menschenverstand, der in der Regel anfällig

für Auffälligkeiten ist, findet hier nur äußerst selten seinen Ansatzpunkt. Sollte Sprache ausnahmsweise doch einmal zum Thema werden, so geschieht dies oft in der Form, daß Sprache als ein Mittel betrachtet wird, mit dem wir die wirkliche Wirklichkeit repräsentieren können. Streng nach dem irreführenden Motto: Sprache bildet Wirklichkeit ab.

Das führt zu der Annahme, daß jedem Wort quasi naturgemäß ein real existierender Gegenstandsbereich entspricht, – daß es für jedes Wort auch ein »Ding« gäbe. Die Auffassung, daß das Wort »Tasse« nur ein Name für ein Ding sei, das es auch in der wirklichen Welt gibt, halten wir für relativ unproblematisch. Erheblich schwieriger fällt uns das bei Worten wie: Demokratie, Freiheit, Problematik, Neurose, Leistungsanreiz, Motivation, Entsorgung. Spätestens hier entpuppt sich der Glaube an eine sprachliche Abbildung der Welt als plumper Wortaberglaube.

▷ Wir denken, daß sich hinter der Sprache nichts verbirgt!

Das bedeutet, daß zum Beispiel Theorien über die Erzeugung von »Aggression« durch »Frustration« zunächst einmal nur Zusammenhänge im Sprachraum konstatieren. Ob die wirkliche Wirklichkeit diesen Sprachgespenstern etwa entspricht oder nicht, das bleibt überaus fraglich.

Dieser Gedanke zwingt uns zur Verabschiedung von der kontextfreien, isolierten Betrachtung der Sprache als einem Mittel, um die Realität abzubilden, und lenkt unsere Aufmerksamkeit auf die aktive, kontextuell bedingte Verwendung und das kontextuell bedingte Verständnis von Sprache.

Menschen sprechen über sich und ihre Welt in Sprachfiguren und Metaphern. Einerseits werden dabei durch die Beschreibung von Zuständen Wirklichkeiten geschaffen (»Das Haus ist schön«; »mir geht es gut«; »ich bin sehr zufrieden«), andererseits legt Sprache unter Umständen auch bestimmte Handlungen nahe (»Ich klage sie an«; »ich verurteile sie«).

Je nach Kontext und Interpretation(srepertoire) können genau die gleichen Sprachfiguren verschiedene Bedeutungszuweisungen erfahren oder Konsequenzen nach sich ziehen. Somit ist für uns die Sprache ein Werkzeug menschlichen Handelns und nicht etwa ein adäquates Mittel, um Wirklichkeit per se abzubilden!

Der zu analysierende *Inhalt* eines Textes liegt keinesfalls objektiv und manifest vor:

- Sprechen bedeutet, Wirklichkeitskonstruktionen herzustellen und anzubieten.
- Verstehen bedeutet, passende oder günstige Rekonstruktionen vorher oder dazu zu erfinden.

Für uns gibt es in diesem Zusammenhang keinen ausschließlichen Sender oder Empfänger – geschweige einen Transport von Information. Dieses Modell mag in der Fernmeldetechnik seine Nützlichkeit haben, erscheint uns jedoch für das Verständnis sozialer Kommunikation gänzlich ungeeignet.

Wir halten die Annahme, ein Wort entspräche einer Wirklichkeit, so wie ein Morsezeichen einem bestimmten Buchstaben des Alphabets zugeordnet wird, für irreführend! Der Möglichkeitsraum der unterschiedlichen Bedeutung von Worten wird ständig in sich entwickelnden kommunalen Beziehungen hergestellt. Verstehen oder Verständnis ist dabei der Prozeß einer gelungenen strukturellen Kopplung (im Sinne des Biologen Maturana, 1982).

Sprache ordnet unsere Wahrnehmungen und erschafft so unsere Wirklichkeiten. Sprechen ist Handeln. Wir sind demnach keine Empfänger von Nachrichten, sondern viel eher Architekten möglicher Bedeutungspaläste, die zum Teil sehr verwinkelt sein können.

Wir fassen also Sprache als ein Symbolsystem auf, in dem vor allem Kontext und Geschichte sprachlicher Diskurse die Art und Weise unserer Bedeutungsrekonstruktionen bestimmen. Dabei können wir allerdings nur rekonstruieren, was wir bereits prä-konstruiert in unserem Verständnisrepertoire haben. Das bedeutet, wir können nur verstehen, was wir schon wissen. Oder: Wir können nur denken oder uns vorstellen, wofür wir Worte oder Geschichten haben.

Sprachliche Konventionen, Geschichten, Erzählungen und Mythen spielen also für uns eine zentrale Rolle und bestimmen wahrscheinlich zum großen Teil unsere Möglichkeiten, die Welt zu erleben oder neu zu gestalten. Auch die Flexibilität, mit der wir auf unsere eigenen Konstruktionen eingehen und reagieren können, hängt ganz entscheidend von der Bandbreite unseres interpretativen Repertoires ab.

Wenn wir uns für Lösungen interessieren, dann geht es uns nicht in erster Linie darum, die *eine* objektive Lösung für alle Menschen zu entdecken, sondern es geht um das Sprachgespenst »individuelle Lösungsmöglichkeiten« und welche Geschichten unsere Kunden dazu erfinden können.

Wir gehen davon aus, daß Sprechen im Sinne von Geschichten, Metaphern und Mythen soziale Wirklichkeiten konstruiert. Natürlich sind auch die Mythen und deren Aktualisierung ein Produkt der Geschichte sozialer Systeme und deren Beziehungen untereinander.

Dabei ist zwischen Mikro- und Makrosystemen zu unterscheiden: Jedes System besteht aus Elementen, die selbst auch wieder Systeme sein können. Hier gilt es allerdings zu beachten, daß ein System mehr, oder etwas anderes ist als die Summe seiner Teile. Wichtig ist unter anderem, daß jedes System auch seine eigene Geschichte hat und diese auch fortsetzt.

Die Bundesrepublik Deutschland würden wir beispielsweise als ein soziokulturelles Makrosystem auffassen. Ein gemütlicher Plausch zwischen den Mitarbeitern eines Betriebs würde von uns als Ausdruck eines Mikrosystems betrachtet und als Prozeß in einem lokalen und kommunalen Rahmen beschrieben. Andere Beispiele für kommunale Mikrosysteme sind etwa die Familie, freundschaftliche Dyaden, der Fußballclub, die Abteilungen einer Organisation, einzelne Teams oder auch die Gesprächssituation zwischen einem Vorgesetzten und einem Mitarbeiter.

Uns interessieren die Geschichten, die in verschiedenen Systemen erzählt werden können. Dabei spielen für uns variierende sprachliche Kontexte innerhalb bestimmter kommunaler Systeme eine wichtige Rolle. Auch die Bedeutung von Skripten und Sprachfiguren verändert sich je nach Kontext ihrer Verwendung.

▷ Innerbetriebliche Wirklichkeiten spiegeln sich letztlich in den Geschichten wider, die in diesem bestimmten Betrieb erzählt werden!

Menschen benutzen Sprache, um ihre Version der Welt herzustellen. Daraus ergibt sich für uns das Gebot, die funktionelle und konstruktive Benutzung von Sprache zu beachten. So können wir bei der Verwendung einer Problemsprache von einem Problemkontext, bei der Verwendung von Lösungssprache jedoch von einem lösungsorientierten Kontext ausgehen, um schließlich zu verschiedenen Zielen gelangen zu können.

Dementsprechend befassen wir uns möglichst direkt mit den (in verschiedenen Kontexten kommunal plausiblen) lösungsorientierten Lebensäußerungen und bewegen uns somit im Rahmen eines narrativen Paradigmas, daß heißt wir nehmen die erzählten Geschichten und die sich daraus ergebenden Optionen ernst.

Objektivität

Objektivität ist die rührende Idealvorstellung von einer optimalen und totalen Perspektive, die alles von überall her wahrnimmt: sozusagen göttlich. – Unmöglich für uns als spekulierende Primaten.

Das Auge der Kamera sei doch schließlich objektiv, könnte man einwenden. Gut, aber was ist mit den Augen, die die Photos betrachten und beurteilen, müssen wir dann zurückfragen! Außerdem wäre es für eine objektive Untersuchung erforderlich, einen Gegenstand aus sämtlichen möglichen Perspektiven zu betrachten, von oben, unten, innen, außen, mittendrin, und den unendlich vielen restlichen Blickwinkeln und Distanzen und Zeiten. Selbst wenn dieses Unterfangen der Unmöglichkeit durch Zauberhand gelöst werden könnte, so bliebe dennoch die obligatorische Aufgabe, sämtliche möglichen kulturellen und traditionellen Attitüden einzunehmen.

Es gälte also den Untersuchungsgegenstand als ungeborenes Wesen, als Säugling, Kind, Jugendliche/r, Erwachsene/r, Greis/in und Tote/r für wahr zu nehmen – außerdem noch als Frau und Mann und vor allem als Mitglied unterschiedlichster kultureller Traditionen: als Westeuropäer der Postmoderne, als Indianer am Amazonas, als Inder, Türke, Moslem etc.

Bemerkenswert dabei ist, daß die verschiedenen Kulturen in verschiedenen Sprachen auch unterschiedliche Kategorien, Prioritäten und Konventionen als Hintergrundwissen in sich tragen, die im Sinne der Objektivität sämtlich und vollständig berücksichtigt werden müßten!

Möglicherweise wird klar, welch aberwitzige Bedingungen an die Erfüllung der Objektivität geknüpft sind. Aber warum klammern sich dennoch so viele Führungskräfte an den Schein heiliger Objektivität? Nun, wir könnten uns gut vorstellen, daß der Satz: »Saubere und objektive Methoden führen zu sauberen und objektiven Ergebnissen« in einem weniger offiziellen kommunalen System, zum Beispiel in einer Familie am Küchentisch, etwa so lauten könnte: »Sei still, ich hab' recht!«

▷ Objektivität ist eine Bezeichnung für den beklagenswerten Umstand, daß in unserer Kultur die *Meinung* von Wissenschaftlern oder Managern als gültige Wahrheit definiert wird. Objektivität ist ein Zeichen der Macht.

Daß auch Wissenschaftler oder Manager Menschen sind, die sozialen Einflüssen ausgesetzt sind, ihre gepflegten Vorurteile hegen und vor allem auch nur aus dem Pool ihrer Alltagstheorien schöpfen können, gerät dabei leicht in Vergessenheit.

Das soll es vielleicht auch, denn schließlich wollen sie ja »Wahrheiten« verkaufen und da wäre die Betonung ihres gewöhnlichen Menschseins, das heißt ihrer unreflektierten Teilnahme an einer Kultur, die nur die kulturinhärenten Maßstäbe für Kritik kennt, sozusagen geschäftsschädigend.

Unser Aberglaube an die Objektivität von Daten garantiert schließlich die Definitionsgewalt vermeintlich neutraler Wissenschaftler oder Führungskräfte. Darüber hinaus bedingt Objektivität in der Konsequenz auch die Ausblendung der Mitverantwortung derjenigen, die Daten sichten und präsentieren. (»Es tut uns leid, die Daten sind nun mal so« soll heißen: »Was können wir dafür?«)

Das heißt, wer angeblich objektiv die Wirklichkeit erkennt, so wie sie nun mal wirklich sei, der gibt sich der Illusion hin, daß die Welt auch ohne sein Erkennen so wäre, wie er sie zuvor erfunden hat.

Wenn Wissenschaftler, Führungskräfte oder Manager glauben, sie könnten aus ihren Traditionen in die neutrale Wertfreiheit fliehen, also aus dem Beobachtungsgeschehen heraustreten, so als hätten sie gar nichts damit zu tun, dann nennen sie das »Objektivität«.

Uns erscheint das etwas kurzsichtig oder als ein Versuch, schlichtweg zu verschweigen, daß die sogenannten objektiven Daten erst durch die Suche nach ihnen erschaffen werden. Wir meinen, daß das Finden von Daten immer ein Erfinden und Wiederentdecken derselben ist, und die Daten nicht etwa »nun mal (leider) so sind«, sondern genau so sind, wie sie erdacht und erfunden wurden. *Was* wir sehen und *wie* wir denken, hängt unseres Erachtens von dem Denkkollektiv ab, dem wir angehören.

▷ »Sehen« heißt also im entsprechenden Moment das Bild nachzuzeichnen, das die Denkgemeinschaft geschaffen hat, der man angehört.

Um mit Ludwig Fleck (1983, S. 154) zu sprechen: »Wir schauen mit den eigenen Augen, wir sehen mit den Augen des Kollektivs.« Mit anderen Worten: Die Denkgemeinschaft erschafft letztlich selbst die anzustrebenden Details ihrer Vision der Lösung, wenn sie sich mit der Beantwortung der Wunderfrage auseinandersetzt.

Der Umschwung von der gewohnten Orientierung an Problemen hin zur Ausrichtung auf Lösungsmöglichkeiten begründet keine Definitionsgewalt seitens des Teamtrainers bezüglich der nächsten konkreten Schritte. Auch diese werden letztlich von der denkenden Teamgemeinschaft selbst entworfen.

Lösungsorientierte Teamarbeit in unserem Sinne macht die Äußerungen zu Lösungsmöglichkeiten von den beteiligten Menschen selbst zum aktuellen Leitfaden. Die Aufgabe eines lösungsorientierten Moderators liegt also eher in der Wahrung des Interessen- oder Arbeitsbereichs »Lösungen« als darin, einer prinzipiell unerreichbaren Objektivität hinterherzuhecheln.

Dabei geht es nicht darum, Lösungen allgemeingültig zu definieren oder scheinbar meßbar zu machen, sondern vielmehr darum, den Prozeß des Auskundschaftens von Lösungsmöglichkeiten in Gang zu bringen und dann konsequent auf Kurs (also in Richtung Lösungsoptionen) zu halten.

Dazu schreibt Paul Feyerabend (1981): »Objektivität entsteht, wenn Teilnehmer/innen einer Tradition diese (Tradition) nicht bemerken und daher in ihren Urteilen nicht erwähnen. Wie der naive Realist die Kälte für eine Eigenschaft hält, die es in der Welt gibt, und zwar unabhängig von seinem physiologischen Zustand, so hält auch der naive Objektivist die Korrektheit einer Ableitung, das Vorliegen eines Widerspruchs, das Bestehen einer Wahrheit, die Menschlichkeit – Unmenschlichkeit einer Handlung für einen objektiven Sachverhalt, zu dem er selbst keinen Beitrag leistet. *Objektivität ist das Resultat seiner erkenntnistheoretischen Kurzsichtigkeit, sie ist keine philosophische Leistung. Objektivität ist das Spiegelbild der Vergeßlichkeit ihrer Verteidiger*« (Hervorhebung durch R. M./O. R.).

Menschenbild

Ein Menschenbild als Arbeitshintergrund zu haben bedeutet, durch eine Metapher eine Vorstellung über das Funktionieren menschlicher Wesen zu schaffen. Je nach Wahl der Metapher entsteht ein anderes Bild mit anderen Konsequenzen.

Darum ist es für uns wichtig, uns selbst Rechenschaft über das von uns hier verwendete Menschenbild abzulegen. Typische Menschenbilder sind zum Beispiel das dem behavioristischen Ansatz zu Grunde liegende Bild vom Menschen als Reflexamöbe, die völlig umweltdeterminierte (Reiz-) Reaktionen abliefert, oder humanistische Modelle, wie beispielsweise das bürgerliche Subjektmodell, das den Menschen als völlig frei und unabhängig entscheidendes Wesen darstellt.

Letzteres findet sich in jeder guten demokratischen Verfassung, während das erste etwa in der Werbung eine große Rolle spielt. Je nach Kontext und Art der Verwendung haben beide Menschenbilder Vor- und Nachteile. Wir sehen auch keinerlei Veranlassung, uns für den Gebrauch eines nur »guten« Menschenbildes zu entscheiden und etwa das »böse« andere zu verurteilen.

Barbara König schenkte uns mit ihrem Roman »Die Personenperson« (1981) eine Metapher, die ein von uns oft (nicht immer!) favorisiertes Menschenbild sehr schön illustriert. Wir stellen uns nicht vor, daß Menschen zwangsläufig nur einen Charakter haben, so oder so sind (und nicht anders) oder gar eine einzige Persönlichkeit mit bestimmten stabilen Eigenschaften besitzen oder darstellen. Uns gefällt die Idee einer Patchwork-Personality, die im gigantischen Möglichkeitsraum verschiedenster Personen, Rollen, Attitüden und Mythen oszilliert.

Eine solche Vorstellung paßt auch gut zu unserer Idee der verschiedenen Mikro- und Makrosysteme und unterschiedlicher kommunaler Kontexte. Dieses Menschenbild bringt den entscheidenden Vorteil mit sich, uns von jeglichem Zwang, eine bestimmte (problemorientierte) Identität aufrecht erhalten zu müssen, zu befreien. Neue, lösungsorientierte Perspektiven können adaptiert werden, alte untaugliche Sichtweisen werden entlassen. Dies kann insbesondere im Rahmen der lösungsorientierten Teamentwicklung sehr sinnvoll sein.

Der bei der psychoanalytischen Betrachtungsweise erforderliche Ebenenwechsel innerhalb einer Person (»Es«, »Ich« oder »Über-Ich«) vereinfacht sich hier zu einem Perspektivenwechsel von der gängigen Problem- hin zur innovativen Lösungsorientierung. Je mehr Rollen und Perspektiven eine Personenperson einzunehmen in der Lage ist, um so schillernder wird ihre »Persönlichkeit«. Mit Persönlichkeit ist hier allerdings die Weite oder Variabilität der Möglichkeitsräume gemeint, die von jemandem inszeniert werden können, und nicht etwa ein Set stabiler Eigenschaften. Letztendlich handelt es sich dabei um ein transpersonales Menschenbild unter Berücksichtigung verschiedenster Kontexte und kommunaler Systeme.

Arbeitsinteresse

Uns geht es vor allem darum, wie man ein beliebiges Team binnen kurzer Zeit in der Praxis zu Lösungen seiner ganz speziellen Probleme anleiten kann. Daß diese Anleitung sich nicht in Lösungsvorschlägen seitens der Teamentwickler erschöpfen kann, dürfte klar geworden sein. Auch wenn das Stellen von bestimmten Aufgaben zu den Maßnahmen eines lösungsorientierten Teamentwicklers gehört, besteht die Hauptaufgabe darin, dem Team durch eine Moderation zur Entwicklung seiner eigenen Lösungswege behilflich zu sein. Dabei liegen die konkreten Lösungsäußerungen der betreffenden Gruppenmitglieder, die sonst viel zu oft unter der Dominanz problemorientierter Korsettkonstruktionen verschwinden, im Fokus unseres Arbeitsinteresses.

In diesem Zusammenhang interessieren wir uns für die Sprache(n), Kontexte und auch für die Prozesse innerhalb sich wandelnder sozialer Systeme auf dem Weg vom Problem zu Lösungen. Da wir davon ausgehen, daß Diskurse Wirklichkeit herstellen, aufrechterhalten und verändern, bemühen wir uns, diese Diskurse lösungsorientiert zu gestalten, ohne selbst voreilig konkrete Lösungsvorschläge zu unterbreiten.

»Das notwendigste Vehikel der Wirklichkeitsgestaltung ist die Unterhaltung. Das Alltagsleben des Menschen ist wie das Rattern einer Konversationsmaschine, die ihm unentwegt seine subjektive Wirklichkeit garantiert, modifiziert und rekonstruiert. Zur gleichen Zeit, in der die Konversationsmaschine Wirklichkeit unterhält, modifiziert sie sie auch fortwährend. Gesprächsgegenstände werden fallengelassen (z. B. Probleme) und aufgenommen (z. B. Lösungen), so daß einiges von dem, was noch gewiß erscheint, abgeschwächt und anderes (z. B. Lösungsoptionen auf der Grundlage der eigenen Ressourcen) bestärkt wird« (Berger u. Luckmann 1980; Einfügungen R. M./O. R).

»Die subjektive Wirklichkeit von etwas, das nie besprochen wird, fängt allmählich an, hinfällig zu werden. (Dies ist besonders interessant, wenn es um die Gründe für ein Problem geht.) Umgekehrt verleiht das Gespräch Objekten, die vorher fließend und undeutlich waren (z. B. Lösungsmöglichkeiten), Konturen« (Berger u. Luckmann 1980; Einfügungen R. M./O. R).

Wenn also die Metaphern der Zauberstab sind, mit dem wir die Welt zuerst erschaffen und dann erfahren, liegt es besonders nahe, die Produktion von Bildern des Gelingens, also von Lösungsmöglichkeiten anzustreben. Somit liegt letztlich die Konstruktion der Wirklichkeit eines Teams in der Verantwortung des Teams selbst.

▷ Alle Mitglieder eines Teams haben das Potential, die Ausstattung der Wirklichkeit um einige gangbare Lösungswege zu bereichern.

Dies geschieht jedoch selten zufällig oder von allein, sondern bedarf in der Regel der Anleitung eines erfahrenen und lösungsorientierten Moderators. In dem Bewußtsein, daß Wahrheit und Wirklichkeit immer ein kommunaler Konsens sind, lassen sich so die entscheidenden Möglichkeiten ausfindig machen, die ein Team zu erfolgreichen Lösungen führen können.

Ethik

»Belehrung finden wir eher in der Welt als Trost.«

(Georg Christoph Lichtenberg)

Dieser Gedanke Lichtenbergs sollte auch in der lösungsorientierten Arbeit nicht ganz in Vergessenheit geraten. Häufig mag das konsequente Aufrechterhalten der Lösungsorientierung eine effiziente Methode sein, die uns unseren Zielen ein gutes Stück näher bringen kann, andererseits gibt es auch Momente im menschlichen Leben, in denen uns zunächst mehr danach zumute ist, uns zu beklagen und zu jammern.

Das ist so in Ordnung. Es kann hier auch nicht darum gehen, abschließend zu entscheiden, welche Methode immer und in jedem Fall die richtige ist. Letztlich wird die Arbeit mit Menschen immer eine Kunst bleiben, und wir sollten uns unser Gespür und Feingefühl für menschliche Stimmungen und deren Nuancen sicher bewahren.

Die Arbeit mit dem lösungsorientierten Ansatz funktioniert besonders gut durch die gezielte Anwendung von Skalierungsfragen, die es uns erleichtern, auf der Seite der Lösungen zu bleiben. Dieser Umstand und die damit einhergehenden Assoziationen bringen uns oft den Vorwurf ein, mit einer gefühlskalten, beziehungslosen oder mathematischen Technik zu operieren, die die wahren Bedürfnisse des Menschen ignoriere.

Nun – wir meinen, daß Ethik und Ästhetik eins sind und nur gezeigt oder gelebt werden können, nicht aber gesagt oder gelesen. So gibt es sicherlich Zeiten, in denen Trost eine wünschenswerte und angemessene Reaktion sein kann, und selbst Belehrung kann, wenn sie denn gefragt ist, vielleicht den passenden fehlenden Mosaikstein liefern.

Abgesehen davon gibt es jedoch eine Vielzahl von Situationen, die wir vor allem als eine Art Sackgasse erleben und in denen wir einfach nicht weiterkommen, obwohl Wille und Elan vorhanden sind und uns auch der Mut noch nicht ganz verlassen hat. In diesen Zeiten funktioniert die lösungsorientierte Arbeit besonders gut. Sie kann sehr dabei behilflich sein, uns aus komplizierten Verstrickungen zu befreien und uns wieder in direkten Kontakt mit unseren eigenen Wünschen und Zielen zu bringen. Außerdem erinnert uns die lösungsorientierte Betonung dessen, was gut funktioniert, an all die von uns bereits erbrachten Leistungen und Fähigkeiten, die wir im Kampf mit dem *Problem* schon längst aus den Augen verloren hatten. Wir werden also auch an unsere Stärken und Ressourcen erinnert, derer wir uns angesichts des beklagten Sachverhalts vielleicht kaum mehr bewußt gewesen sind.

Das heißt, *wenn wir dafür bereit* sind, kann uns die Arbeit nach dem LOT-Prinzip durchaus Mut machen und dazu ermuntern, die nächsten Schritte zu unternehmen, um auf dem Weg zu unseren Zielen an Boden zu gewinnen. Darüber hinaus kann uns die lösungsorientierte Perspektive die Augen für konkrete und erfolgversprechende Ansätze öffnen, deren Verfolgung sich für uns lohnt. Natürlich können wir keine Wunder im eigentlichen Sinne vollbringen. Dem weinenden Kind, das sich sehnlichst wünscht, daß seine in Scheidung lebenden Eltern wieder zusammenkommen, können wir nicht versprechen, daß alles wieder gut wird. Die Katastrophe der Trennung der Eltern können wir nicht für das Kind verhindern, auch wenn es auf die Wunderfrage antworten würde, daß seine Eltern nach dem Wunder wieder zusammenleben. Ihm können wir entsprechend dem lösungsorientierten Ansatz erst dann weiterhelfen, wenn es kleinere Ziele für sich selbst zu entwikkeln sucht, wenn es also bereits hinnimmt, was es nicht abwenden kann, und versucht, mit der aktuellen Situation so gut wie möglich klarzukommen, indem es etwas für sich selbst will, was es auch selbst erreichen kann. Kurz: Indem es vom Klagenden zum Agierenden wird.

All denen, die unseren Ansatz für gefühlskalt, schematisch, technokratisch oder zahlenlastig halten, sei an dieser Stelle gesagt, daß Trost und Beistand immer erlaubt und oft auch notwendig, sinnvoll und wünschenswert sind. Unsere Erfahrungen zeigen uns allerdings, daß wir in der Anwendung des LOT-Prinzips unsere Kunden eher als Könige betrachten und weniger als Patienten oder zu behandelnde Personen, mit denen etwas nicht stimmt.

Ob die Arbeit gemäß der lösungsorientierten Vorgehensweise also Sinn macht, hängt unter anderem auch davon ab, in welcher Verfassung sich ein Kunde oder ein Team selbst sieht:
- Wollen sich alle ausschließlich beklagen?
- Wollen einige etwas verändern?
- Will überhaupt jemand irgendwohin?

Es gilt also grundsätzlich von Fall zu Fall abzuklären, inwieweit die Voraussetzungen für die Anwendung eines lösungsorientierten Ansatzes überhaupt erfüllt sind, oder nicht, bevor die eigentliche Arbeit beginnen kann.

Darüber beklagt, daß wir mit Trost gespart hätten, hat sich jedenfalls noch niemand von denjenigen, denen wir durch die konsequente Anwendung des LOT-Prinzips auf *ihrem* Weg weiterhelfen konnten.

Literatur

Berger, P. L.; Luckmann, T. (1980): Die gesellschaftliche Konstruktion von Wirklichkeit. Frankfurt a. M.

Bösenberg, D.; Metzen, H. (1993): Lean Management – Vorsprung durch schlanke Konzepte. Landsberg/Lech.

Clutterbeck, D.; Kernaghan, S. (1995): Empowerment – So entfesseln Sie die Talente Ihrer Mitarbeiter. Landsberg/Lech.

Feyerabend, P. (1981): Erkenntnis für freie Menschen. Frankfurt a. M.

Fleck, L. (1983): Erfahrung und Tatsache. Frankfurt a. M.

Gomez, P.; Zimmermann, T. (1992): Unternehmensorganisation – Profile, Dynamik, Methodik. Frankfurt a. M.

Hammer, M.; Champy, J. (1994): Business Reengeneering – Die Radikalkur für das Unternehmen. Frankfurt a. M.

Kafka, F. (1996): Erzählungen und andere ausgewählte Prosa (hrsg. von R. Hermes). Frankfurt a. M.

Klebert, K.; Schrader, E.; Straub, W. (1987): Die Kurzmoderation. Windmühle, Verlag und Vertrieb von Medien.

König, B. (1980): Die Personenperson. Frankfurt a. M.

König, E.; Vollmer, G. (1997): Systemische Organisationsberatung. Weinheim.

Maturana, H. R. (1982): Erkennen: Die Organisation und Verkörperung von Wirklichkeit. Ausgewählte Arbeiten zur biologischen Epistemologie. Braunschweig/Wiesbaden.

Neuberger, O. (1990): Führen und geführt werden. Stuttgart.

Shazer, St. de (1988): Clues: Investingating solution in brief therapy. New York.

Shazer, St. de (1989): Der Dreh: Überraschende Wendungen und Lösungen in der Kurzzeittherapie. Heidelberg.

Sprenger, R. K. (1994): Mythos Motivation – Wege aus einer Sackgasse. Frankfurt a. M.

Staehle, W. H. (1991): Management – Eine verhaltenswissenschaftliche Perspektive. München.

Tange, E. G. (1997): Lexikon der boshaften Zitate. Frankfurt a. M.

Walter, J. L.; Peller, E. P. (1994): Lösungs-orientierte Kurztherapie. Dortmund.

Wittgenstein, L. (1984): Philosophische Untersuchungen. In: Wittgenstein Werkausgabe, Bd. I. Frankfurt a. M.